# Inhalt

# Gisela Preuschoff

# Von Drei bis Sechs

## Alltag mit Vorschulkindern

Illustrationen
von Stefan Siegert

PapyRossa

Vierte, überarbeitete und erweiterte Auflage
© 1991 by PapyRossa Verlags GmbH & Co KG, Köln
Alle Rechte vorbehalten
Fotos: Baumann, Preuschoff
Gesamtherstellung: Druckerei Locher GmbH, Köln


Die Deutsche Bibliothek − CIP-Einheitsaufnahme

**Preuschoff, Gisela:**
Von drei bis sechs: Alltag mit Vorschulkindern / Gisela Preuschoff. Ill. von Stefan Siegert.
4., durchges. und erw. Aufl. − Köln: PapyRossa-Verl., 1991.

ISBN 3−89438−022−5

# Zur Ruhe kommen 176

# Vorwort

Und wir ganzen Nichtnormalen
häuten uns von kranken Schalen,
wagen einen Schritt,
reißen andre mit,
denn nur aller Anfang
können wir noch sein.

Deiner Sehnsucht wachsen Flügel,
wenn sie wieder ein Ziel hat,
und die Zeit macht reif für Ziele,
wer zugreift wird satt.
Ich und du
sind schon zwei,
zwei und drei,
sind schon fünf,
fünf und fünf,
sind schon zehn
und das kann
und das wird
und das muß losgehn.

*Ina Deter*

Die meisten Menschen lesen keine Bücher. Schon gar nicht über Kindererziehung.

Recht haben sie. Denn wo Zweifel nicht aufkommen, ist Diskussion überflüssig. Und mit Büchern läßt sich weder die Welt, noch ein so kompliziertes Gebilde wie ein Mensch ändern. Da würde der Bau von kinderfreundlichen Wohnungen, die radikale Senkung der Mietpreise, die drastische Erhöhung des Kindergeldes und die Einführung der 35-Stunden-Woche bei vollem Lohnausgleich – um nur wenige Beispiele zu nennen – schon ganz andere Wunder bewirken.

Solange wollte ich aber nicht warten, weil... ich schreibe gern auf, was ich von anderen höre, bei anderen sehe, von anderen lerne, mit anderen erlebe, was mir so im Kopf rumgeht und wovon ich träume. Ich muß gestehen, daß ich selber auch sehr gern lese, um es für mich zu verwenden.

Hinzu kommt, daß ich unerhört gern lebe, besonders, seit wir Kinder haben und besonders, seit die Gefahr, durch einen dummen Zufall oder böse Kriegsabsicht in die Luft gesprengt zu werden, so groß ist. Schließlich leben wir in dem Land mit der

9

größten Atomwaffendichte der Welt. Ich kann daher jeden verstehen, der jetzt wirklich keine Zeit hat, weil er erst noch ein Flugblatt gegen die neue Giftmülldeponie entwerfen muß, weil das Transparent für den Ostermarsch noch nicht fertig ist oder weil das Lied für den Friedensstand am Wochenende im Einkaufszentrum noch geübt werden muß.

Sollte aber doch irgenwann mal Zeit sein – dieses Buch muß man nicht von vorn nach hinten lesen. Am besten fängt jeder – mit Hilfe des Inhaltsverzeichnisses – da an, wo es ihn gerade drückt. Wenn Ihr Kind sich langweilt, dann versuchen Sie es mal mit den Spielen. Sollten Sie aber gerade völlig verzweifelt sein und dieses Buch zur Hand nehmen – was ich für unwahrscheinlich halte –, dann möchte ich Ihnen sagen: Das gibts gar nicht. Daß jemand alles falsch gemacht hat. Und daß ein Kind ein für allemal verdorben, verzogen oder verbogen ist, das gibt es auch nicht. Solange die Welt sich dreht, ist Veränderung möglich.

Bestimmte Erzieher, Ärzte und Psychologen neigen dazu, Eltern einzureden, sie hätten Schuld. Sie hätten alles falsch gemacht und jetzt müsse alles ganz anders werden. Aber wie soll das gehn? Kein Mensch kann Kinder nur mit dem Verstand erziehen, sich ein bestimmtes Konzept zurechtlegen und es dann, einer Maschine gleich, ausführen. Wir unterliegen alle Einschränkungen unserer Handlungsfähigkeit, die sich aus unseren früheren und derzeitigen Lebensumständen und Beziehungen ergeben.

Der Vater, der sein Kind schlägt, weiß genau, daß das nicht gut ist, aber er sieht keine andere Möglichkeit. Die Mutter, die es nicht fertig bringt, ihrem dreijährigen Sohn den Busen zu verweigern, fühlt sich durchaus gequält, aber sie sieht keine andere Möglichkeit. Beide handeln so, weil sie nicht anders können, nicht, weil sie Merksätze brauchten.

Jedes Handeln unterliegt bestimmten Mustern, die sich im Laufe eines Lebens sorgsam geprägt und eingeschliffen haben. Können Sie sich vorstellen, daß ein Kind, das eine Schnecke mit nach Hause bringt, in der einen Familie dafür gelobt wird, in der nächsten dafür geschlagen und in einer dritten ignoriert wird? Es gibt viele Möglichkeiten, auf Verhalten zu reagieren, aber wir halten meist nur eine für normal.

Wer sich von seinen Bedingungen bedrückt, eingeengt, ja krankgemacht fühlt, der sollte sich nicht mit Schuldfragen quälen oder nach Sündenböcken suchen. Er sollte mit Menschen sprechen, die ihn nicht schuldig stempeln, sondern zeigen, wie es gelingen kann, eingeschliffene Spielregeln zu verändern, neue, ungeahnte anzunehmen – z. B. durch das Aufsuchen von Familienberatungsstellen oder Einrichtungen, die Familientherapie durchführen.

Viele Probleme, die Eltern heute haben, lassen sich nur dadurch lösen, daß wir uns alle gemeinsam für bessere, andere Lebensbedingungen einsetzen. Denn solange die Wohnung zu klein, die Kindertagesstätte zu voll, der Spielplatz zu weit, die Straße zu laut, die Luft zu schmutzig, der Rüstungsetat zu hoch und das Geld für Kinder zu knapp ist, wird sich für Eltern und Kinder wenig ändern.

Solange sich aber die Welt dreht, gibt es Veränderungen. Und ich bin der Meinung, daß heute keine Mutter und kein Vater lange suchen muß, um eine Gruppe, Initiative, Organisation oder Partei zu finden, die die Probleme aufgreift, die uns drücken. Es ist wahr, die letzten Jahre Regierungspolitik von CDU/CSU und FDP haben für Familien mit Kindern viele Rückschläge gebracht. Vieles von dem, was schon erkämpft war, ist gestrichen worden: ich denke nur an Kindergeld, Mutterschutz und sichere Arbeitsplätze. Aber ist nicht auch der Wille derer, die meinen, in diesem Staat müsse vieles gerechter verteilt werden, stärker den je? Bei uns in Berlin (West) gibt es einen Arbeitskreis, der heißt: Kinder brauchen Zukunft. Da kann wohl keiner widersprechen. Ich glaube, daß wir Eltern viel dazu beitragen können, diese Zukunft mitzugestalten. Nach unseren Vorstellungen.

Ich habe mit diesem Buch nicht vor, auf alle Probleme mit Ratschlägen zu antworten, und keine Fragen offen zu lassen, sondern schreibe meine Erfahrungen auf: als Anregung und Diskussionsbeitrag. Vielleicht treffen wir uns auf der nächsten Abrüstungsdemonstration – bis dahin viel Spaß beim Lesen!

# Einleitung
## Vorschulkinder-Vorschulerziehung

Wenn ich mich entschlossen habe, die dreijährigen Knirpse, die Persönlichkeiten, die kleinen Menschen ab drei ausgerechnet Vorschulkinder* zu nennen, dann deshalb, weil hinter diesem Begriff eine lange Geschichte und eine große Diskussion steckt, die ich in diesem Buch nicht ganz ausklammern will.

Erziehung findet immer in einem gesellschaftlichen Zusammenhang statt, unter bestimmten historisch entstandenen Verhältnissen, in die unsere Kinder ungefragt geboren werden. Zwar gibt es in allen Völkern und Kulturen einen Lebensabschnitt, in dem die Kinder ihre wesentlichen Körperfunktionen beherrschen, sich sprachlich mitteilen und am Alltag ihrer Eltern teilnehmen können. Wie dieser Alltag jedoch gestaltet wird, welche Fähigkeiten die Kinder erwerben und wie sie sich persönlich entwickeln, – das ist ganz entscheidend geprägt von ihrer Umwelt, die sich verändert. Während in vielen afrikanischen Stämmen die Jungen in diesem Alter lernen, mit ihren Vätern auf Jagd zu gehen und kleine Tiere zu erlegen, die Mädchen ihren Müttern verantwortlich beim Bereiten der Nahrung helfen, gehen die Kinder bei uns üblicherweise in den Kindergarten. Das Fließband, die Büromaschine und die Aktendeckel, hinter denen ihre Eltern arbeitstäglich Stunden verbringen, bleiben ihnen mehr oder weniger unbekannt.

Kindergartenalter wäre demnach ein angemessener Begriff, wenn nicht das Wort Schule in unserer Gesellschaft so bedeutungsschwer wäre, daß es seinen Schatten voraus wirft: Vorschulkinder*. Mag mag darüber traurig oder empört sein, – die Schulpflicht existiert, und es wäre wohl blind, zu meinen, die Zeit davor habe nichts mit Vorbereitung auf die Schule zu tun.

---

* Häufig wird dieser Begriff nur für die Fünfjährigen benutzt. Ich wende ihn jedoch für die 3—6jährigen an, weil es keine spezifischen Probleme für Fünfjährige gibt, es sei denn, sie bezögen sich auf die institutionelle Vorschulerziehung, auf die ich ab Seite 138 eingehe.

Während der Kindergarten in den 50er und zu Beginn der 60er Jahre in der BRD noch als Nothilfe und unter dem Aspekt seiner sozial-fürsorgerischen Funktion angesehen wurde, bekam er gegen Ende der 60er Jahre einen Bildungsauftrag: »Nicht mehr Behütung, sondern Instruktion und Entwicklungsstimulierung bestimmten nunmehr die erzieherische Arbeit.«[1]

Es liegt auf der Hand, daß diese Entwicklung nicht zufällig erfolgte, sondern bestimmt war durch die Entwicklung der Produktivkraft Arbeit, die einen Mangel an qualifizierten Arbeitskräften hervorrief und gleichzeitig wissenschaftliche Erkenntnisse ans Licht der Öffentlichkeit brachte: »Innerhalb der Psychologie rückte der Disput über die Umweltbeeinflußbarkeit von Intelligenz und Begabung die institutionelle Vorschulerziehung in den Mittelpunkt des Interesses. Das Vorschulalter schien (. . .) eine wichtigere Altersspanne zur intellektuellen Förderung zu sein als das anschließende Schulkindalter.«[2] Das dies so ist, wird heute nirgendwo ernsthaft bestritten.

Wenn Förderung allerdings zu abstrakter Leistungsforderung ausartet und die Verschulung der Kinder um ein paar Jahre vorverlegt wird, damit sie in der Schule und später im Beruf besser funktionieren, sich an bestehende Anforderungen so reibungslos wie möglich anpassen, bleibt die Persönlichkeitsentwicklung auf der Strecke. Wenn Förderung dagegen bedeutet, schon Dreijährige am Leben zu beteiligen und ihnen nichts vorzuenthalten von dem, was sie wissen wollen und wissen müssen, dann werden Vorschulkinder die Schule revolutionieren, Leben in sie bringen – Humanität statt wertfreien Leistungsdruck.

Für mich kann es deshalb keine »intellektuelle Förderung« an sich geben, ich stelle die Frage nach dem Wozu – in Kindergarten, Vorschule und Schule. »Neben dem allgemeinen Ziel, die Unabhängigkeit und Kompetenz aller Kinder zu fördern, sollten zukünftige Vorschulen noch ein besonderes Ziel verfolgen: sie sollten versuchen, die schulische Chancengleichheit bei solchen Kindern vorzubereiten und zu sichern, die aus sozial und wirtschaftlich benachteiligten Bevölkerungsgruppen kommen. Die Möglichkeit, daß diese Kinder wie alle anderen die weiterführenden Schulen besuchen, kann wirksam vor allem in der frühen

Kindheit vorbereitet werden.«[3] Das war Vorschul-Euphorie von 1969. Diesen Anspruch hat die Vorschulerziehung bis heute nicht eingelöst.

Vorschulerziehung heißt deshalb für mich auch, meinem Kind zu vermitteln, daß es nicht die Dummheit seines zukünftigen Klassenkameraden ist, die ihn als Schulversager abstempelt, sondern seine Lebensumstände.

Vorschulerziehung heißt, neben den Grundlagen des Lesens, Schreibens und Rechnens auch zu vermitteln, wozu Lesen, Schreiben und Rechnen mißbraucht werden können und wie mit diesen Fähigkeiten die Welt veränderbar ist.

Lernen heißt für das Leben lernen, das wir leben wollen: Entwicklung nicht auf Kosten der anderen, sondern mit ihnen; intellektuelle Förderung nicht zur Heranzüchtung herzloser Hirne, sondern zur Förderung jenes wachen Verstandes, der Veränderungen herbeiführt und Weiterentwicklung ermöglicht.

Was mir möglich und notwendig erscheint, ist, daß Kinder in dieser wichtigen Phase ihrer Entwicklung vielfältige Erfahrungen sammeln, diese Welt gründlich kennenlernen und dabei ein großes Maß an Freiheit genießen, ohne das Fantasie, Einfallsreichtum, Schaffenskraft und Entwicklungsfähigkeit nur verkümmern können.

Notwendig erscheint mir, daß unsere Kinder im alltäglichen Umgang mit Mitmenschen – und das sind nicht nur die Eltern! – lernen, verantwortlich zu handeln. Es gab Zeiten, und es gibt auch heute noch Kulturen, in denen Geburt und Tod, Verantwortung und Arbeit selbstverständlicher Bestandteil im Leben der Kinder waren. Auch Rotkäppchen wird wohl zwischen 3 und 6 gewesen sein, als sie ihre Großmutter selbständig versorgen durfte.

Was unseren Kindern heute aufgrund der fortgeschrittenen Arbeitsteilung in der Gesellschaft verloren geht, müssen wir als Eltern und Erzieher ihnen durch neue, bewußt organisierte Formen des Zusammenlebens und -lernens zurückgeben: durch demokratische Vorschulerziehung, durch Hilfe zur Selbstentwicklung und Orientierung auf ein menschenwürdiges Leben, frei von Unterdrückung, Ausbeutung, Krieg und Vernichtung.

Vorschulkinder können eine Menge lernen: »Wer Kindern andere Lernerfahrungen ermöglicht als die gewohnten, kann sehen, wie diese Kinder mit Spontaneität und Vergnügen physikalische Experimente und mathematische Mengenlehre betreiben, die Probleme von Feuerwehrleuten und Finanzbeamten besprechen und im Spiel dramatisieren, was sie zuvor erlebt haben.«[4]

Wir können aber auch eine Menge von Kindern lernen, – was in Vorschule und Schule oft übersehen wird. Wir können lernen, Wut und Freude offener zu zeigen, hartnäckig und mutig Fragen zu stellen und nach verständlichen Antworten zu suchen, alles genau wissen zu wollen, ohne das Träumen, Spinnen und Fantasieren zu verlernen.

Am Beispiel unserer Kinder können wir etwas über unsere eigene Entwicklung, unsere Erziehung und unsere Verhaltensweisen entdecken: indem wir sie beobachten und unsere eigene Kindheit mit ihrer vergleichen. Indem sie uns einen Spiegel vorhalten, unsere Schimpfworte benutzen und unseren Tonfall, unsere Gesten widerspiegeln, erkennen wir eine Menge über uns selbst, – nur selten finden wir Freunde, die so offen zu uns sind wie unsere Kinder. Durch das alltägliche Leben mit ihnen lernen wir, uns in Frage stellen zu lassen, uns auch selbst weiterzuentwickeln statt eine Entwicklung nur von den Kindern zu erwarten.

Durch unsere Kinder erleben wir, daß es Spaß macht, zu leben, Spaß macht, zu lernen.

Wir dürfen den Kopf nicht in den Sand stecken. Wir müssen die Erde verteidigen, aufstehen für Frieden und soziale Gerechtigkeit. Unsere Vorschulkinder –, das sind Lernkinder, Veränderungskinder, Entwicklungskinder.

# Vom Lernen

Mein junger Sohn fragt mich:
Soll ich Mathematik lernen?
Wozu, möchte ich sagen.
Daß zwei Stück Brot mehr ist als eines
Das wirst du auch so merken.
Mein junger Sohn fragt mich:
Soll ich Französisch lernen?
Wozu, möchte ich sagen.
Dieses Reich geht unter. Und
Reibe du nur mit der Hand den Bauch und stöhne
Und man wird dich schon verstehen.
Mein junger Sohn fragt mich:
Soll ich Geschichte lernen?
Wozu, möchte ich sagen.
Lerne du deinen Kopf in die Erde stecken
Da wirst du vielleicht übrigbleiben.

Ja, lerne Mathematik, sage ich
Lerne Französisch, lerne Geschichte!

*Bertolt Brecht*

# Demokratische Erziehung – Hilfe zur Selbstentwicklung

Während die »heimlichen Erzieher« in Form von Videokassetten, Privatfernsehen und einer nie dagewesenen Medienkonzentration eine erschreckende Herrschaft auszuüben drohen, während in vielen Familien die Diktatur der Eltern über ihre Kinder herrscht, wird mancherorts die Frage der Abschaffung der Erziehung diskutiert.

»Erziehung ist Krieg gegen Kinder«, erklärt Ekkehard von Braunmühl als Vertreter der Antipädagogik, »Erziehung sät Haß und Gewalt«. Daß Erziehung dies bewirken kann, wissen wir. Alice Miller hat es uns mit ihrem Buch »Am Anfang war Erziehung« am Beispiel der Lebensläufe von Mördern wie Hitler und Bartsch noch einmal drastisch vor Augen geführt.

Für mich ergibt sich daraus jedoch nicht die Forderung nach Abschaffung der Erziehung, sondern die Forderung nach demokratischer Erziehung, die nicht zu verwechseln ist mit einer Erziehung, die Prügelstrafe durch pädagogische Tricks ersetzt. Demokratische Erziehung heißt Erziehung zu Menschlichkeit, Mut, Widerstand, Mitleidensfähigkeit, Kreativität, Wachheit, Aufgeschlossenheit. Sie basiert auf Partnerschaft, Offenheit und gegenseitiger Information, auf Vertrauen und Zärtlichkeit.

Aus der Tatsache, daß Erziehung »Krieg gegen Kinder« sein kann, erwächst eine ungeheure Verantwortung, die Verantwortung zum »Frieden mit Kindern«.

Unter Erziehung verstehe ich das bewußte Einflußnehmen auf andere Menschen mit einem bestimmten Ziel. Sie dient dazu, Erfahrungen, Informationen, Wertvorstellungen und Gewohnheiten, die sich in einer bestimmten Kultur herausgebildet haben, der nächsten Generation weiterzuvermitteln. Demnach kann es eine erziehungsfreie Gesellschaft gar nicht geben, denn allein in der Auswahl der ersten Spielzeuge geben wir Werte an unsere Kinder weiter, prägen Gewohnheiten, Geschmack, Formsinn und Farbverständnis.

Im Vorschulalter spielen uns unsere Kinder die Welt, in der sie leben, schon deutlich vor: Sie spielen mit Autos und Puppen, Baggern und Eisenbahnen, bauen Hochhäuser und Eigenheime, haben Kaufmannsläden, Bilderbücher, eine Zahnbürste, Telefon und Schreibmaschine. Muß ich erwähnen, daß Kinder z.B. in abgelegenen Gegenden des Urwalds anders oder auch gar nicht spielen?

Nun ist unsere Gesellschaft nicht nur durch ein Höchstmaß an »Zivilisation« (die sich z.B. in technischem Spielzeug widerspiegelt), sondern auch durch eine bestimmte Gesellschaftsordnung gekennzeichnet, die man gern »parlamentarische Demokratie« nennt. In ihr sollen vor dem Gesetz alle Menschen gleich sein und als Gleiche gemeinsam die Regierung wählen, an ihr teilhaben. Erziehung muß deshalb die Menschen befähigen, an dem so gestalteten gesellschaftlichen Leben teilzunehmen, sie zielt nicht auf Untertanen ab, wie zu Kaisers Zeiten, sondern auf selbstbewußte Staatsbürger. Können sie aber in Familien heranwachsen, in denen die Despotie des Vaters oder der Mutter herrscht? Kann man den Menschen, der seine Umwelt aktiv gestalten soll, mit Strafen zurechtbiegen? Natürlich nicht. Wenn wir von Gleichberechtigung in der Gesellschaft ausgehen, dann muß diese Gleichberechtigung auch in den Familien erfahrbar sein als partnerschaftliches Verhältnis, als Beziehung zwischen Gleichwertigen.

Zweifellos ist jedoch die Beziehung zwischen Heranwachsenden und schon Erwachsenen ein Sonderverhältnis: »Die Erwachsenen besitzen gegenüber Kindern die ökonomische Macht und einen Vorsprung an Entwicklung, Handlungsfähigkeit und Lebenserfahrung; das kleine Kind ist ganz und gar abhängig von ihnen, auf ihren Schutz, ihre Zuwendung und Liebe angewiesen.«[5] Dieses Sonderverhältnis schließt die Abschaffung von Erziehung aus und verweist auf die Verantwortung der Erwachsenen.

Was heißt jetzt aber demokratische Erziehung? Wenn keiner über den anderen herrscht, darf auch keiner dem anderen seine Ziele aufzwingen. Überzeugt wird mit Argumenten, vor allem mit Handlungen, Taten. Belohnung und Strafen gibt es nicht, dafür Vorbild, Information, Diskussion. Aus der Verantwortung des Erwachsenen gegenüber dem Kind wird es bestimmte Verbote geben, die begründbar sind: das Verbot alkoholischer Getränke oder gesundheitsschädlicher Speisen, das Verbot, mutwillig zu zerstören oder anderen weh zu tun. Gesetze, die sich aus dem Leben in der Gemeinschaft ergeben, nicht solche, die Erwachsene zur Unterdrückung von Kindern erdachten. Demokratische Erziehung heißt, die Entwicklung der Kinder unterstützend begleiten, niemals Zwang ausüben (es sei denn, um ernste Gefahr abzuwenden) und die Kinder als eigenständige Persönlichkeiten akzeptieren, auch wenn sie sich anders entscheiden, als wir es wünschen.

Einem Kind seine Ziele nicht aufzuzwingen, heißt für mich nicht, ziellos zu erziehen. Natürlich haben wir Eltern Ziele und müssen Ziele haben. Die eingangs erwähnte parlamentarische Demokratie droht ihre demokratischen Züge zu verlieren. (Scharfe Zungen behaupteten allerdings schon im letzten Jahrhundert, daß diese Staatsform die Diktatur der Besitzenden über die Nichtbesitzenden sei). Und wenn man sich die Herrschaft der Monopole genauer betrachtet: die Einschränkung der Meinungsfreiheit durch Pressekonzentration und Kabelfernsehen, die Einschränkung der Freizügigkeit durch Wohnungsnot und ungerechte Verteilung des Besitzes, die Einschränkung der Teilhabe am gesellschaftlichen Leben durch mangelnde Bildung und fehlende Information, die Einschränkung der Gleichheit durch Schüren von Feindbildern und Fremdenhaß, die Einschränkung der Rechtsgleichheit durch Privilegien für die Besitzenden, – dann kann man sich der These vom Zusammengehen von Staat und Monopolen gegen Demokratie und Fortschritt nur schwer entziehen. Findet man darüber hinaus bestätigt, daß Staat und Monopole im Namen unserer Sicherheit Milliarden für lebensbedrohende Rüstung ausgeben und im Namen unseres Wohlstandes die Natur ausverkaufen, wird die Frage nach unseren Zielen eine Frage nach Leben und Tod. Wer kann da von sich behaupten, er hätte keine Ziele?

Ich jedenfalls möchte, daß sich unsere Kinder an dem Kampf um die Erhaltung unseres Planeten beteiligen, daß sie demokrati-

SIEH MAL, MEIN SPATZ, ES GIBT NUN MAL GUTE UND BÖSE SEERÄUBER!

sche Rechte verteidigen, Menschenleben und Menschenrecht achten, Partei ergreifen für Ausgebeutete und Verachtete. Aber kann ich ihnen diese Ziele je anders vermitteln als durch mein Leben und meinen Versuch, aufrichtig zu sein? Ganz sicher nicht.

Indoktrination und demokratische Erziehung schließen sich aus. Unsere Erziehung basiert auf Überzeugung durch Wissensvermittlung und auf dem Versuch, Menschlichkeit vorzuleben.

Demokratische Erziehung ist Hilfe zur Selbstentwicklung. Unsere Kinder müssen lernen, selber zu essen, selber zu laufen, selber zu denken, selber zu argumentieren, selber zu fragen, selber zu fantasieren, selber zu träumen. Wir stellen ihnen dabei unsere Wohnung zur Verfügung, unsere Erfahrungen, unsere Gedanken, unsere Träume.

# Abenteuer Umwelt
## Anregungen zur freien Forschung

Was das Leben mit Kindern so anregend macht, ist die Möglich-keit für den Erwachsenen, die Welt noch einmal neu zu entdek-ken, zu versuchen, sie noch einmal mit den Augen eines Kindes zu sehen, neue Fragen stellen zu lernen.

Kein Zweifel: »Im Alter von ungefähr vier Jahren bereichert, überarbeitet, organisiert und reorganisiert das Kind sein Modell von der Welt . . ., indem es sie erforscht und mit ihr experimen-tiert. Die Zahl der verschiedenen Objekte und Ereignisse, die es erkennen, denen es sich anpassen, die es erinnern und vorstellen kann, nimmt ständig zu.«[6]

»Wollte man ein treffendes Wort für die Drei- bis Fünfjähri-gen finden, das sich an vorherrschenden Aktivitäten orientiert, müßte man von den wesentlichen Lernfeldern in diesem Zeitab-schnitt ausgehen. Dazu gehören die Initiative, die Kinder ent-wickeln, ihre Neugier und Forschungslust, ihre Bereitschaft, die weitere Umwelt zu erkunden, ihre Versuche, Menschen außer-halb der Familie kennenzulernen. Gleichzeitig entdecken sie sich als Individuen und werden sich ihrer selbst bewußt. Typisch für all diese Fortschritte ist also das Erkunden, Prüfen, Erproben und Entdecken. Vielleicht sollte man die Kinder dieses Alters deshalb als Entdecker im weitesten Sinne bezeichnen.«[7]

Ausgerüstet mit den ersten grundlegenden Erfahrungen über seine Umwelt, mit Vertrauen auf die Geborgenheit an einem si-cheren Ort im Fall einer Gefahr und befähigt, die eigenen Hände für vielfältige Funktionen, den Kopf zum Denken und Sprechen, zum Erinnern und Fragen zu benutzen, macht sich der kleine Forscher unaufgefordert daran, seine Umwelt zu untersuchen. Jetzt ist es an uns, diese Umwelt auch in die Wohnung zu holen, die Probleme, mit denen sich die Menschheit über Jahrhunderte beschäftigt hat, in unserer Küche nachvollziehbar zu machen, Kinderzimmer und Bad als Laboratorien menschlicher Erfah-rungen herzurichten.

# Eins und viele – Herausbildung des Zahlbegriffs

Die Erkenntnisse über die Eigenschaften von Dingen und Zusammenhänge aus seiner alltäglichen Umgebung entwickeln sich beim Kind in Stufen, deren Reihenfolge durchaus nicht beliebig ist. So kann man einem dreijährigen Kind ohne weiteres das Zählen beibringen, den Begriff einer Zahl allerdings wird es erst entwickeln können, wenn es immer wieder die Möglichkeit hatte, Gegenstände aufzureihen (z.B. Perlen), Mengen zu vergleichen (eine Kuh – viele Kühe) und Gegenstände anderen Gegenständen zuzuordnen (z.B. Eier in einen Eierbecher setzen). Erst wenn sich ein Kind so den Zahlbegriff aneignen konnte, wird es später rechnen können.

Bei Nikolai war das so: Er hat sich lange für Zahlen nicht interessiert. Wenn wir auf Spaziergängen »1–2–3 huiii« machten, mochte er als Dreijähriger nicht mitsprechen, hatte auch Schwierigkeiten, die Zwei und die Drei sprachlich auseinanderzuhalten. Wenn es gelegentlich irgend etwas zu zählen gab, hatte ich das laut getan: acht Teelöffel für den Nachtisch, vier Noppen auf einem Legostein, drei Waggons an der Eisenbahn, fünf Finger an jeder Hand. Nikolai reagierte nicht darauf, – ich ließ ihn in Ruhe.

Mit viereinhalb Jahren entwickelte er von sich aus und ohne besonderen Anlaß ein erstaunliches Interesse an Zahlen. Lernte »über Nacht«, bis zehn zu zählen, benutzte den Würfel richtig und verblüffte mich eines Tages mit der Aussage: »Soll ich Dir mal was Falsches sagen? Drei, eins, zwei. Aber drei, zwei, eins – das ist richtig.« Dabei zeigte er mit dem Finger auf seinen Unterarm wie auf einen imaginären Zahlenstrahl und erklärte die Anordnung der Zahlen.

Wenige Monate später zählte er bis 20 und begriff dann leicht die Anordnung der Zahlen bis 100. Es machte ihm Spaß, im Bett zu liegen und so weit zu zählen, wie er kam.

Zur gleichen Zeit wagte er, allein einkaufen zu gehen, genauer gesagt: für sich und seinen Bruder beim Bäcker an der Ecke ein Eis zu holen.

Jetzt wurde Papier-Spielgeld, das ich aus der Schule mitgebracht hatte (das gibt es kostenlos bei der Sparkasse), zu seinem Lieblingsspielzeug. Sehr oft saß er mit seinem Kästchen voll Geld da und sortierte Mark auf Mark, Groschen auf Groschen, – was er bei uns nie gesehen haben konnte. Verblüfft bewunderte ich seine Ordnungsliebe. Ein ständiges Spiel war, daß er Verkäufer war und ich einkaufen sollte. In unseren Gesprächen erklärte ich ihm die Zahlen auf dem Geld. Den »Wert« der von ihm verkauften »Waren« ermittelte er durch eine sehr einleuchtende Methode: er zählte auffällige Merkmale (Ecken, Anzahl der Beine oder Punkte) und bestimmte so den »Preis«. Ein Stoffhund kostete vier Mark, wegen seiner vier Beine. Ich blätterte ihm vier Markstücke hin. Einmal gab ich ihm ein Fünfmarkstück für ein Ding, das drei Mark kosten sollte. Zu meiner Überraschung platschte er seine Hand mit gespreizten Fingern auf den Tisch, deckte mit der anderen drei Finger zu und verkündete, ohne zu zögern: »Du kriegst zwei Mark zurück.«

Bei unserem jüngsten Sohn wird die Entwicklung anders laufen. Noch vor seinem dritten Geburtstag zählte er sicher bis zehn, – kein Wunder, wenn sein großer Bruder ihm ständig vorzählt. Bittet man ihn aber, drei Löffel herauszunehmen, bringt er vier oder fünf. Die Begriffe eins und zwei dagegen hat er sich angeeignet. Drei bedeutet für ihn vorläufig nur: mehr als zwei, viele.

Marie liebt und hütet drei kleine Bälle, die sie in einem Körbchen umherträgt. Diese Bälle bedeuten ihr sehr viel. Sie ist noch nicht ganz drei, als sie eines Tages traurig verkündet: »Jetzt hab' ich nur noch einen Ball. Zwei hab ich schon verloren.«

Ich erzähle dies nur deshalb so ausführlich, weil es zeigt, wie verschieden Kinder an Zahlbegriffe herangehen und wie sehr die Herausbildung bestimmter Fähigkeiten an persönliche, oft individuelle Interessen geknüpft ist. Voraussetzung dafür ist immer das Vorhandensein von zählbaren Dingen, das Hinweisen auf unterschiedliche Mengen, – und dazu brauchen Kinder Erwachsene.

## Studien über Gummi, Glas und Papier
## Anregungen zur Begriffsbildung und Erforschung der Umwelt

Die Bildung von Begriffen ist entscheidend für die Entwicklung des Denkens. Nehmen wir mal den Begriff Gummi. Für ein dreijähriges Kind ist es nicht schwer, dieses Wort nachzusprechen. Um aber zu wissen, was Gummi ist, muß es erfahren haben, daß Gegenstände verschiedenster Form und Farbe und von ungleichem Gewicht aus Gummi sein können: z.B. ein Luftballon, ein Ball, ein Gummiband, ein Schnuller, ein Einweckring. Findet es solche Materialien in der Wohnung und erklären wir: »Der Luftballon ist aus Gummi«, kann es sich den Begriff aneignen. Findet es solche Materialien nicht, z.B. weil die Eltern der Meinung sind, daß Kinder nur mit Spielzeug umzugehen haben, – wird es den Begriff Gummi entweder gar nicht oder falsch entwickeln: z.B. indem es annimmt, Gummi sei ein Gummitier oder ein Gummiband.

Wenn ich dieses Kapitel »Abenteuer Umwelt« überschrieben habe, dann deshalb, weil ich meine, es sollte unbedingt ein Abenteuer bleiben, die Umwelt zu entdecken, also keine »Unterweisung in Sachen Umwelt«. Abenteuer heißt, daß wir dem Kind in einer (mit unserer Hilfe) anregungsreichen Umwelt Gelegenheit geben, selber zu entdecken, aktiv zu werden, zu staunen, zu fragen. Natürlich können Sie Ihrem Kind Anstöße geben, es herausfordern, fragen, – wenn Sie aber anfangen, ein Vorschulprogramm über Werkstoffe abzuziehen, wird es sicherlich bald die Lust daran verlieren.

Wenn Sie erst darauf achten, werden Sie bald feststellen, daß im täglichen Leben das Sortieren nach Werkstoffen tatsächlich vorkommt: z.B. wenn man ein Holzfeuer machen will. Was ist denn alles aus Holz? Können wir das verbrennen? Sammelt doch mal Holz am Strand (im Garten, im Wald). Woher bekommen wir Holz? Wie erkennt man es? Was für eine Leistung ist das, wenn Ihr Kind begriffen hat, daß ein winziges Streichholz und das riesige, schmutzige Gerüstbrett aus dem gleichen Material sind!

Ähnliche Studien lassen sich an Abfall betreiben: Es ist nicht nur lehrreich, sondern auch umweltfreundlich, Abfälle zu sortieren – alles, was verwest, alles, was brennt, Glas, Aluminium (es gibt Aluminiumsammelstellen), Abfälle, die die Müllabfuhr holt. Was verwest denn nun aber? Geben Sie Ihrem Kind drei saubere Marmeladengläser mit Schraubverschluß und legen Sie in jedes eine Abfallprobe: 1. Kartoffelschalen und Apfelreste, 2. Papier, Pappe, 3. Plastik. Wie verändern sich die Abfälle?

Spannend ist der Umgang mit Glas. Vielleicht waren Sie schon mal gemeinsam mit Ihrem Kind am Recycling-Container und haben alte Flaschen – nach gefärbt und ungefärbt sortiert – weggeworfen. Mit Gläsern und Glasbehältern kann man aber auch sehr gut spielen. Was? Das wird ihr Kind bald selbst entdecken: durchgucken, einfüllen (Sand, Wasser, Linsen, Bohnen), umschütten, auslöffeln. Mit Gläsern kann man Musik machen, indem man sie vorsichtig anschlägt, den Ton verändert, indem man verschieden viel Wasser hineingießt, reinpustet (Flaschen) oder es klirren läßt, indem man viele kleine Flaschen zusammenbindet. Mit etwas Fingerspitzengefühl und kreisenden Bewegungen kann man geschliffene Gläser mit feuchten Fingern zum Klingen bringen, – das Ergebnis lohnt eine längere Übungsphase. Glas kann man auch kaputtschmeißen (Container, Polterabend und aus Versehen!), und an Glas kann man sich schneiden oder Splitter eintreten, – also Vorsicht, Verletzungsgefahr! Vielleicht können Sie sogar irgendwo mal einen Glasbläser aufsuchen (Weihnachtsmarkt, Kaufhaus, Werkstatt). Seine Arbeit zu beobachten ist ungeheuer faszinierend.

Beinahe endlos sind die Möglichkeiten, mit Papier umzugehen: Vom Hausbau bis zum Musizieren ist es zu fast allem zu gebrauchen. Gestatten Sie Ihrem Kind, sich eine Papiersammlung anzulegen (Butterbrotpapier, Transparentpapier, Geschenkpapier, Schreibpapier, Altpapier, Kreppapier, Seidenpapier, Löschpapier, Tapete. . .) oder ein Papiergeschäft zu eröffnen. (Falls Sie das nicht sowieso schon tun: es lohnt sich, benutztes Geschenkpapier zu sammeln). Papier kann man reißen und schneiden, in Streifen geschnitten und über eine Schere gezogen kräuseln, falten, kniffen, knüllen, knautschen. Papier kann fast jedes Rhythmusinstrument ersetzen, wenn man es rhythmisch knautscht, knüllt oder reißt. Mit Sandpapier kann man Fühlbilder kleben, Zeitungspapier als Kleidung benutzen, in Papier kann man wühlen, aus wenig viel machen (indem man geordnete Bogen knüllt), Papier kann man verbrennen.

## Umgang mit den Elementen

Lassen Sie Ihr Kind frei, aber mit herausforderndem Material in der Badewanne oder am Waschbecken experimentieren: Geben Sie ihm Gefäße mit verschieden warmem oder kaltem Wasser, ein Sieb, einen Trichter, diverse Gegenstände, die schwimmen, und solche, die sinken. Färben Sie Wasser, z.B. indem Sie Zwiebelschalen (gelb) oder rote Beete darin kochen (man kann natürlich auch ungiftiges Farbpulver oder Ausziehtusche zum Färben nehmen), und lassen Sie Ihr Kind damit experimentieren (mischen, färben, in Behälter füllen). Was für Lebewesen gibt es im Wasser? Salzwasser, Süßwasser, Zuckerwasser. . . Zeigen Sie Ihrem Kind Wasserpflanzen, und vielleicht können Sie ihm sogar ein Aquarium einrichten.

Das Erlernen des Umgangs mit Feuer macht Kindern nicht nur Spaß, sondern ist auch lebensnotwendig. Leichte Verletzungen sind dabei durchaus anzustreben: nur so können Sie sicher sein, daß Ihr Kind in Ihrer Abwesenheit nicht mit Streichhölzern spielt. Günstig für Feuerspiele ist das Küchenwaschbecken (Spüle), bei Windstille ein Sandkasten oder eine größere Steinfläche und Ihre Anwesenheit, – nicht aber Ihr ständiges Reinreden und direkte Kontrolle. Das Kind sollte keine Plastikkleidung tragen und lange Haare zurückbinden. Mit Streichhölzern und einer einfachen Kerze, die sicher in einem Kerzenhalter steht, bringt man dem Kind zunächst das Anzünden und Auslöschen bei: Mit einem entflammten Streichholz zündet man an; man kann das Feuer aber auch mit einem angebrannten Streichholz von einer Kerze zur anderen übertragen, die Flamme springt von einer Kerze zur anderen über, wenn die erste Kerze schon eine Weile gebrannt hat und dadurch Gas entwichen ist.

Wie löscht man Feuer? Ausblasen kann man eine sehr kleine Flamme. Große werden durch Blasen erst richtig entfacht (Blasebalg für den Kamin, Rolle des Windes bei Waldbränden). Wasser löscht Feuer. Man hat es aber nicht immer zur Hand, wenn es mal wirklich brennt. Für Sand gilt das gleiche. Deshalb muß man dem Kind unbedingt zeigen, wie man Feuer ausschlagen, austreten oder ersticken kann: mit einem beliebigen Gegenstand, mit dem Fuß.

Was brennt und was brennt nicht? Welche Dinge schmelzen? Auch Eisen und Glas schmelzen, wenn sie stark erhitzt werden (Bleigießen, Schokolade, Wachs, Zucker einschmelzen).

Irgendwann in den Ferien oder zu einem Kindergeburtstag gibt es vielleicht Gelegenheit zu einem richtigen Lagerfeuer. . .

Das dritte Element, Erde, ist auch nicht zu verachten. Haben Sie schon mal gemerkt, wie verschiedenfarbig Sand sein kann? Wenn Sie sich mit verschiedenen Behältern in die Natur wagen, können Sie sich ein Erdmuseum einrichten oder Sandbilder herstellen (Alleskleber auf festem farbigem Papier verteilen und Sand darauf streuen). Sie können auch einfach nur ein Loch graben und sehen, was alles zum Vorschein kommt. Sie können Waldboden in seinen Bestandteilen untersuchen, Sandkörner unter der Lupe betrachten, mit Lehm modellieren, Ton ausgraben, das Gewicht von einem Teelöffel Waldboden und einem Teelöffel Sand vergleichen, Häuser, Burgen und Landschaften, Autos und Schiffe aus Sand bauen. Sie können Steine sammeln, mit denen sich bemalt und unbemalt herrlich spielen und basteln läßt.

Und was lebt alles in der Erde? Wußten Sie, daß es über 100 verschiedene Arten von Regenwürmern gibt? Mit etwas Geschick können Sie einen Holzrahmen für zwei Glasplatten zimmern, so daß zwischen beiden ca. 1 cm Platz ist. Diese Fläche füllen Sie jetzt mit Erde auf, die mit etwas altem Laub gemischt ist. Setzen Sie einige Regenwürmer hinein und legen Sie obenauf organische Küchenabfälle. Gießen Sie ab und zu mit etwas Wasser, – und Sie werden staunen, was Sie mit Ihren Kindern alles über Würmer lernen.

## Pflanzen

Pflanzen zu beobachten ist einfach und beliebt. Viel mehr Spaß, als Mutters Gummibaum zu pflegen, macht, sich selber etwas zu ziehen. Auch ohne Balkon können Sie Ihrem Kind einen kleinen Blumenkasten spendieren: Bohnen, Linsen, Sonnenblumenkerne keimen sehr schnell, – legen Sie sie zuerst auf feuchte Watte, die Ihr Kind täglich gießt. So kann man den Austritt des Keimes besser beobachten. Wenn die ersten Wurzeln und Blätter sichtbar sind, setzt man die Pflänzchen in einen Blumentopf oder -kasten um. Versuchen Sie auf die gleiche Weise, Apfelsinen-, Birnen-, Äpfel-, Paprika- und Avokadokerne zum Keimen zu bringen. Sehr geeignet sind auch selbstgesammelte Eicheln (manchmal findet man welche, die schon gekeimt sind), Kastanien oder »Nasen« von Ahornbäumen, Lindenkügelchen oder aus Zapfen herausgepulte Samen von Nadelbäumen. Kresse und Soja lassen sich wenige Tage nach dem Aussäen bereits verspeisen und sind sehr vitaminhaltig. Aber auch Pflanzen, die draußen wachsen, sind zu Forschungszwecken dienlich. Was gibt es nicht alles für verschiedene Blätter! Wenn man sie sammelt, preßt und trocknet, kann man Bilder damit kleben, drucken, Domino- und Memoryspiele daraus basteln und vielfältige Begriffe lernen, indem man die Blätter vergleicht (zackig, rund, herzförmig, spitz, eckig, gesprenkelt, größer, kleiner) oder nach Merkmalen sortiert. Mit gesammelten Samen und Früchten kann man sich herrliche Kaufmannsläden bestücken, Bilder kleben, Figuren, Häuser und Fahrzeuge basteln.

## Haustiere

Vielleicht hat sich Ihr Kind schon immer mal ein Haustier gewünscht? Schlagen Sie ihm diesen Wunsch nicht einfach ab, sondern probieren Sie mal, inwieweit es verantwortlich eine Pflanze versorgt. Geben Sie ihm ein Tier, das nichts kostet und jederzeit wieder ausgesetzt werden kann: selbstgefangene Fische, Schnecken, Kellerasseln oder Würmer. Schnecken sind ungeheuer dankbar, weil man sie leicht auf die Hand nehmen und sehr gut beobachten kann. In einem größeren Einweckglas mit einer Erdschicht, einer Tonscherbe zum Verstecken (kann auch ein kleiner Blumentopf sein) und einigen feuchten Kohl- oder Salatblättern, die alle paar Tage ausgewechselt werden müssen, fühlen sie sich sehr wohl und legen nicht selten Eier. Das Einweckglas sollte oben mit einer gelochten Klarsichtfolie bespannt sein, damit die Schnecke nicht herauskriechen kann. Wenn Sie merken, daß Ihr Kind Freude an so einer Verantwortung hat und beobachten lernt, können Sie die Haustierdebatte im Familienkreis ruhig aufnehmen und sich überlegen, ob Sie ein Tier kaufen wollen und welches für Sie in Frage kommt.

Größere Tiere wie Hunde oder Katzen anzuschaffen, sollte man sich wirklich gründlich überlegen. Sie sind nicht nur teuer im Unterhalt, sondern machen auch sehr viel Arbeit, die Vorschulkinder kaum allein übernehmen können. Dazu kommen die Probleme der »Unarten« (unsere Katzen fressen z. B. Topfpflanzen und Fotos) und die Schwierigkeiten mit Urlaubsplänen (wohin mit den Tieren?).

Natürlich haben solche Tiere viel mehr Witz und Charakter als Kleintiere, – sind eben langjährige »Partner«.

Meerschweinchen hingegen sind sehr pflegeleicht und bieten Vorschulkindern allerlei Spaß. Sie sind auch gar nicht so langweilig, wie sie auf den ersten Blick aussehen, besonders, wenn sie ab und zu mal frei herumlaufen dürfen. Ein ganz besonderes Erlebnis ist natürlich, wenn sie Junge kriegen dürfen (die man im übrigen bei den meisten Zoohandlungen abgeben kann, wenn man sie los sein will). Meerschweinchen fressen allerdings ziemlich viel, – dafür stinken sie nicht.

Ganz im Gegensatz zu Mäusen. Sie stinken wirklich penetrant, sind aber ansonsten die pflegeleichtesten und possierlichsten Tierchen, die man sich denken kann.

Faszinierend für Kinder ist ein Aquarium, das man sich allerdings nur nach gründlichem Studium von Fachliteratur (Bibliothek!) einrichten sollte. Begeisterte Aquarianer investieren hunderte von Mark. Es geht aber auch billiger, wenn man nach gebrauchten Aquarien Ausschau hält, die in Kleinanzeigen häufig angeboten werden, und unkomplizierte Fische wählt.

Man muß nicht an Gott glauben, um ein Kind fühlen zu lassen, daß jedes Tier und jede Pflanze eine Existenzberechtigung hat und wir Menschen nur im Einklang mit der Natur auf Dauer leben können. Zu lange waren solche Gedanken genauso verpönt wie Lodenmäntel, Märchen und Wanderschuhe. Der Mensch als Herrscher meinte, die Natur zu bezwingen, – jetzt droht der Weltuntergang.

Wenn wir uns als Teil der Natur begreifen, können wir auch unseren Kindern erklären, warum wir Pflanzen nicht einfach vertrocknen lassen, »Ungeziefer« nicht mit Paral besprühen, Ameisen nicht tottreten.

Ich habe aus allen möglichen Abenteuern in Sachen Forschung nur wenige ausgewählt. Vermutlich haben Sie noch andere und bessere Ideen. Vielleicht ist Ihnen das aber schon zu viel und Sie denken: »Was soll ich denn noch alles tun?« So war das nicht gemeint. Im Gegenteil: eine täglich geballte Ladung an Anregungen und Erklärungen verhindert gerade Entdeckungsfreude und Neugier, Originalität und Einfallsreichtum. Wozu soll ich mich noch anstrengen, wenn mir alles vorgesetzt wird?

Was ich aufschrieb, sollten Anregungen sein, die Sie mit Ihrem Kind im Alter von 3—6 aufgreifen können, wenn Ihnen gerade nichts Besseres einfällt. Und Ihr Kind braucht Zeit, ganz viel Zeit. Leistung zu fordern und Druck auszuüben, vernichtet Forschertätigkeit im Keim. Desgleichen übrigens auch ein Überangebot an pädagogischem Spielzeug, an fertigen Dingen. Ein Kasten Papier kommt gegen play mobil nicht an. Wirklich nicht? Probieren Sie doch mal aus, ob sich Ihr Kind nicht über eine selbst beklebte Pappschachtel mit hunderterlei gut sortiertem Papier freut. Und schiebt es sein Lego nicht auch zur Seite, wenn Sie ihm anbieten, eine Blättersammlung anzulegen?

# Alles Leben hört irgendwann auf –
## Vom Tod

Alles, was lebt, stirbt auch. Das wissen zwar alle Erwachsenen, aber die wenigsten wagen es, mit ihren Freunden und Kindern offen darüber zu reden. Tod ist ein Tabu-Thema, an das man sich nicht so recht heranwagt, – besonders, wenn es ein normaler, gewöhnlicher Tod ist, der einen ganz persönlich betrifft.

Ich glaube, daß es wichtig ist, darüber nachzudenken: Nur wer sich klargemacht hat, daß alles Leben begrenzt ist, kann seinen Wert richtig einschätzen, Leben achten. (»Ihr geht mit der Welt um, als hättet Ihr noch eine zweite« sah man in letzter Zeit häufig auf Demonstrationen).

Irgendwann entdeckt jedes Kind seine Macht über Ameisen oder kleine Käfer: ein Fußtritt – und sie sind reglos, platt, unumkehrlich leblos. Ich finde, daß man mit dem Kind darüber reden sollte, was dieses Totsein bedeutet. Ihm klarmachen, daß die Ameise jetzt nie wieder lebendig wird, – ohne Schuldgefühle zu vermitteln, denn das muß ein Kind erstmal begreifen.

Nutzlose Tiere oder Pflanzen gibt es nicht, jedes hat seinen Sinn und seine Aufgabe im Kreislauf der Natur, – auch wenn man nicht über jeden Käfer Bescheid weiß. Das sollten sich auch jene Erwachsenen klarmachen, die hysterisch auf Spinnen reagieren. Nicht, daß sie sich das abgewöhnen könnten, – so einfach ist das nicht. Aber den eigenen Kindern sagen, daß dieses Verhalten unbegründet ist und sich eigentlich auf etwas ganz anderes bezieht, was man sich selber nicht erklären könne. So ähnlich wie die Angst des Kindes vorm Gespenst.

Es gibt übrigens viele schöne Märchen, in denen sich von Menschen verschonte Tiere auf wundervolle Art bei diesen für ihr Leben bedanken (z. B. »Die Bienenkönigin« von den Gebr. Grimm). Auch viele Geschichten der Indianer handeln vom Leben im Einklang mit der Natur. Solche Märchen könnten Anlaß sein, das Thema ohne pädagogischen Zeigefinger anzusprechen: Menschen haben Macht über Pflanzen, Tiere und andere Menschen. Sie dürfen sich von Plagen befreien (z. B. Mükken), niemals aber ausrotten oder mutwillig töten.

Vorschulkinder sind hier unheimlich sensibel und bringen mehr Verständnis auf als viele Erwachsene. Das Beispiel vom »stummen Frühling« – wenn durch Insektenvertilgungsmittel eben nicht nur die lästigen Insekten, sondern auch die geliebten Vögel sterben – ist bedrückend.

Das Thema Waldsterben ist zur Zeit in vieler Munde, aber es genügt sicher nicht, darüber zu reden, sondern durch Beteiligung an Aktionen muß man Mut machen. Es kommt immer noch vor, daß Bäume sinnlos gefällt werden und Kraftwerke ohne Entschwefelungsanlage in Betrieb genommen werden. Dieser Tod ist vermeidbar! Es steht in unserer Macht!

Mit alten Menschen ist das anders. Opas Tod ist irgendwann unvermeidlich. Aber warum muß man Angst davor haben? Doch nur, weil etwas Unbekanntes kommt. Für Kinder, die in religiösen Elternhäusern aufwachsen, ist der Tod wohl leichter zu denken. Wieder bieten Märchen eine gute Auseinandersetzungsmöglichkeit: Der Tod ist hier immer selbstverständlich, sinnvoll und oft nicht ganz ernst zu nehmen; mit ein bißchen Lebenswasser stehen die Toten wieder auf oder leben auf andere Art weiter – ganz gewiß in ihren Kindern.

Eine der schönsten Geschichten zu diesem Thema – obwohl es nicht direkt angesprochen wird – ist »Im Land der Dämmerung« (Astrid Lindgren, Märchen, Oetinger Verlag). Ich empfehle sie besonders Erwachsenen, denn Kinder werden mit ihren Ängsten oft viel besser fertig, als wir vermuten. Dazu folgendes Gespräch von Dreijährigen: »Mein Opa wurde in der Erde vergraben«. – »Meine Oma auch. Die ist jetzt auf dem Friedhof«. – »Mein Opa ist auch schon gestorben. Den haben sie eingepflanzt«.

## Politik – das ist doch kein Thema?!

Die Zeiten der »politischen Bilderbücher«, als es darum ging, die Boshaftigkeit des Kapitals und die Kraft der Arbeitersolidarität zu verdeutlichen, sind vorbei. Wer solche Klischeebücher noch aus seiner Studentenzeit zu Hause stehen hat, wird darüber meistens nur noch lächeln.

Das waren die Anfänge eines Aufbruchs, der bis heute anhält. Die politisch fortschrittliche Bewegung war noch nie so breit wie jetzt. Daran gibt es für mich keinen Zweifel. Wir Eltern haben in dieser Zeit viel gelernt: Dogmatismus und Indoktrination sind nicht unsere Methoden. Indem uns Berufsverbot erteilt wurde und wird, aus Angst, wir wollten Kinder indoktrinieren, entlarven sich jene angeblichen Hüter der Freiheit immer mehr als dogmatische Indoktrinäre von Absurditäten wie »Sicherheit durch Aufrüstung« oder »Mehr Lebensqualität durch Kernkraftwerke und Umweltverpestung«.

Was ist mit unseren Kindern? Ich glaube, wer sich heute politisch engagiert, denkt dabei so viel an Kinder, wie in kaum einer Bewegung zuvor. Die Frage, welche Lebenschancen die zukünftige Generation hat, stellt sich sehr brutal und sehr konkret. Es ist einfach unmöglich, unsere Kinder da rauszuhalten.

Ganz früher wurden Kriege von Männern geführt. Dabei haben einige Kinder ihre Väter verloren. Sonst waren sie nicht betroffen. Mit der Entwicklung der Technik und Kriegstechnik hat sich die Betroffenheit von Männern auf Familien verschoben. Im ersten Weltkrieg gab es grausam verstümmelte Soldaten. Im zweiten wurden Kinder und Frauen vergast, Städte bombardiert. Im dritten werden nicht nur Männer, Frauen und Kinder sterben. Die Überlebenden werden noch nach Generationen verkrüppelte Kinder zur Welt bringen. Die Überlebenden werden die Toten beneiden. Es wird gar keinen Frieden mehr geben können.

Wer sich darüber im Klaren ist, sollte, glaube ich, zweierlei lernen: daß wir eine große politische Verantwortung haben und uns unbedingt engagieren müssen – und das jeder Tag, den wir mit unseren Kindern erleben, ein Geschenk ist, eine Herausforderung, ein Glück.

Ich hatte lange Zeit Angst davor, daß eines meiner Kinder sterben könnte; Möglichkeiten gibt es ja genug. Seit für mich klar ist, daß Leben die einzige Alternative zum Tod ist, bin ich ruhig geworden. Jeder Tag, den ein Kind gern gelebt hat, an dem es gelacht und etwas entdeckt hat, Zärtlichkeiten verteilt und bekommen hat, ist lebenswert gewesen. Wenn es jetzt stirbt, kann ich sagen: es hat drei Jahre glücklich gelebt. Das ist doch was. Das hat sich doch gelohnt.

Mit dieser Grundeinstellung kann ich, glaube ich, Kinder auch politisch erziehen: sie einerseits einbeziehen in politische Arbeit und sie andererseits Lebensfreude erfahren lassen, d. h. alles vermeiden, was ihnen Angst macht.

## Mit Kindern zu Demonstrationen gehen?

Wir nehmen unsere Kinder immer mit zu Demonstrationen. Das ist natürlich nicht immer ungefährlich. Aber die Alternative, Kinder nicht mehr mitzunehmen, weil es ja zu Gewalttätigkeiten kommen könnte, ist absurd. Es ist doch unmöglich, sich auch noch für Demonstrationen Babysitter zu engagieren! Oder sollen Eltern jetzt prinzipiell zu Hause bleiben? Gerade sie sind doch besonders betroffen.

Wenn Eltern hinter der Absicht der Demonstration stehen, d.h. ihre Meinung durch Mitgehen zum Ausdruck bringen wollen, dann sollen sie das auch tun. Vor Gewalttätigkeiten schützt man sich nicht durch Kopf-in-den-Sand-stecken, sondern dadurch, daß man möglichst viele befreundete und bekannte Eltern mitbringt. Daß man sich Gedanken darüber macht, wie Gewalttätigkeiten verhindert werden können. Daß man nicht nur mitläuft, sondern mit vorbereitet: einen Eltern-Kinder-Block z.B. mit vielen Musikinstrumenten, Luftballons und Friedenstauben.

Natürlich muß man Vorschulkindern schon erklären, um was es geht. Aus eigenen Erfahrungen meine ich, daß dabei zu wenig besser ist als zuviel. Eine lange Erklärung überfordert die Kinder. Sie verstehen nur die Hälfte und haben dann Begriffe im Kopf, die sie zwar nachsprechen, aber nicht verarbeiten können. Sie haben Fragen, die sie nicht formulieren können, und bekommen oft Angst. Einfache Erklärungen stelle ich mir etwa so vor: »Wir gehen auf die Straße, weil wir zeigen wollen, daß wir gern leben. Wir wollen Frieden« oder »Wir wollen keinen Krieg. Im letzten Krieg ist Opa ein Bein abgeschossen worden. Das hat ihm weh getan. Er kann jetzt schlecht laufen. Wir wollen, daß so etwas nie wieder passiert. Wir wollen nicht, daß Menschen Schmerzen haben« oder »Wir demonstrieren, weil hier Gift gelagert wird. Das Gift kann in unser Essen und Trinken gelangen. Das ist ungesund. Wir wollen gesund bleiben« oder »Dieses Haus stand lange leer. Leute, die keine Wohnung hatten, sind da eingezogen. Sie haben es sich gemütlich gemacht und viel gearbeitet, damit es schön aussieht. Jetzt will der Besitzer des Hauses, daß sie wieder ausziehen. Es ist sein Haus, aber er braucht es gar nicht, denn er wohnt woanders. Wir finden nicht richtig, daß die Menschen ohne Wohnung jetzt ausziehen sollen.«

So einfach ist das? Aber ist es nicht wirklich so einfach?! Geben Sie dem Kind Zeit zum Nachdenken und zum Fragen. Dann wird es in die Kompliziertheit des politischen Lebens genauso hineinwachsen wie in unsere »hochtechnisierte Welt«.

Wir haben es übrigens noch nie erlebt, daß unsere Kinder keine Lust hatten, zu Demonstrationen oder Kundgebungen mitzukommen. Sollte das in nächster Zeit mal passieren, würden wir das in jedem Fall akzeptieren. Demonstrationen sind keine Pflichtübungen – schon gar nicht für Kinder. In diesem Fall würde ich ihnen freistellen, was sie so lange tun wollen: zu Freunden oder Verwandten gehen – falls es welche gibt, die nicht mitdemonstrieren – oder allein zu Hause bleiben.

## Polizist oder Bulle?
## Vom Umgang mit Ordnungshütern

In unserer Nähe ist ein Park, in dem ich oft mit den Kindern spazieren gehe. Bestimmte Rasenflächen dürfen nicht betreten werden, andere sind Liegewiesen. Die verbotenen Rasenflächen sind verständlicherweise sehr grün und sehr schön. Auf einer befindet sich ein Hügel. Der Lieblingshügel meines Sohnes.

Leidenschaftlich rannte er rauf und runter, während ich vom Weg aus glücklich zusah. Bis eines Tages ein Polizist auf mich zukam. Die Dienstwaffe saß vorschriftsmäßig. »Ist das Ihr Kind? Bitte holen Sie es vom Rasen. Das Betreten ist nicht gestattet.« Er war höflich und korrekt. Mein Sohn am Boden zerstört. Nie wieder benutzte er seinen Lieblingshügel.

Für mich wäre es leicht gewesen, jetzt auf die Scheiß-Bullen zu schimpfen. Ich habe es bewußt vermieden und meinem Sohn ruhig erklärt, daß es Regeln gibt und die Polizei aufpaßt, daß diese Regeln eingehalten werden. Die Ampel darf bei rot nicht überfahren werden, sonst kann es Unfälle geben. Wer an falschen Stellen parkt, muß eine kleine Strafe bezahlen. Wenn es keine Verkehrspolizisten gäbe, würden viele Autofahrer machen, was sie wollen.

Und was ist mit der Bereitschaftspolizei? Mit dem »Knüppel frei« auf Demonstrationen, mit Wasserwerfern und Gas?

Ich finde, daß es Vorschulkinder überfordern würde, zwischen guten und schlechten Polizisten, guten und schlechten Regeln und Gesetzen zu unterscheiden. Ich glaube, daß die Gefahr bestünde, sie, die sich gerade Begriffe aneignen, durch zu viele Differenzierungen zu verunsichern. Ich bin deshalb für Nüchternheit – bei Vorschulkindern.

Die Polizei hat bestimmte nützliche Funktionen und die sind sachlich darzustellen. Polizisten können Kindern auch helfen. Das ist immerhin wichtig zu wissen.

Sollte ich mit meinen Kindern auf einer Demonstration tatsächlich mal erleben, daß vor unseren Augen die Polizei beweist, daß sie nicht Hilflose schützt, sondern auf Hilflose einschlägt, dann kann ich das immer noch erklären: Auch Polizisten verstoßen manchmal gegen Regeln. Dann müssen sie auch bestraft werden und dürfen nicht mehr Polizist sein. Dafür setze ich mich ein.

## Was ist eigentlich ein Gefängnis?

Ganz in unserer Nähe ist das Untersuchungsgefängnis Moabit – da bleibt es natürlich nicht aus, daß unsere Kinder nachfragen. Manchmal sieht man Menschen hinter den Gittern, immer Polizei und Wachtürme, auf den Simsen Joghurtbecher und Plastiktüten.

»Ins Gefängnis werden Menschen gesperrt, die etwas Verbotenes getan haben, etwas, was wirklich schlimm ist, zum Beispiel sehr viel Geld geklaut oder jemandem sehr weh getan.«

Kann man einem Vorschulkind schon erklären, daß auch Unschuldige ins Gefängnis kommen? Daß viele Verbrechen aus Verzweiflung geschehen? Wir meinen nicht.

Denn auch so ist die Phantasie unseres Sohnes schon entfesselt genug: Könnte er nicht auch eingesperrt werden? Woher weiß man, was richtig und falsch ist?

Einmal beobachteten Freunde, daß unser Sohn »Gefängnisauto« spielte. Die Gefangenen wurden brutal eingesperrt und mißhandelt – bis zum Köpfen. Die Freunde waren entsetzt und wir hilflos. Verschiedene Nachfragen bei anderen Freunden beruhigten uns wieder: Es ist wichtig, aggressive Phantasien im Spiel auszuleben, freizulassen. Wir sollten uns hüten, Aggressivität als etwas Negatives völlig zu verbannen: Sie gehört zur Lebensbewältigung und ist erst gefährlich, wenn sie gewaltsam unterdrückt werden muß. Und: der Junge weiß ja gar nicht, wie es im Gefängnis aussieht. Erklärt ihm das doch mal in einem ruhigen Moment!

Dieser Rat hat sich bewährt. Als wir ihm erklärten, daß im Gefängnis viele Zimmer sind, in denen Möbel stehen – nur nicht sehr schöne, und daß es dort Essen und Trinken gibt, war Nikolai sehr erstaunt. Das Gefängnisauto-Spiel ist nie wieder aufgetaucht.

## Abrüstung im Kinderzimmer?

Als ich meinem Sohn neulich aus »Pipi Langstrumpf« vorlas, war ich überrascht und irritiert, wie selbstverständlich Pipi und Thomas mit Waffen hantieren bzw. wie unbefangen Astrid Lindgren die Kinder mit Luftgewehr und Dolch spielen läßt. Ist meine Ablehnung von Kriegsspielzeug nicht etwas übertrieben?

Wenn mein dreijähriger Sohn das Wort Gewehr oder Pistole hört, schreit er »ih!« und »Soldaten sind blöd!« Es kann passieren, daß er sich wenig später seinem Bruder zuwendet, mit einem länglichen Gegenstand auf ihn zeigt und »Peng-peng« sagt. Er weiß, daß wir gegen Krieg sind und Waffen nicht mögen. Er weiß unbestimmt, daß man sich mit Waffen verletzen kann und daß Krieg schlimm ist, – aber was Krieg bedeutet, wie ein Gewehr funktioniert und was man damit machen kann, das sind für ihn Worte ohne konkreten Inhalt, bedeutungsleer; wie er auch den Begriff »tot« nur ahnt.

Unser Fünfjähriger verbindet mit Waffen schon konkrete Vorstellungen: Er weiß, daß Jäger, Förster, Polizisten und Soldaten Gewehre und Pistolen haben – und wozu. Er weiß, daß Fabians Opa nur ein Bein hat, weil ihm das andere im Krieg abgeschossen wurde. Er weiß, daß sein Onkel als Kind im Krieg nie satt wurde und Hunger hatte. Er kennt Parolen von Demonstrationen wie »Hopp, hopp, hopp – Atomraketen stop« und »Auch die Oma und der Opa wollen Frieden in Europa« und weiß, daß es Mondraketen gibt und solche, die die Erde zerstören können. Er kennt einige politische Plakate und Aufkleber gegen Atomraketen und weiß, was sie bedeuten. Friedenstauben sind ihm ein liebgewonnenes Symbol. Er weiß, daß wir ihm keine Pistolen kaufen, weil wir es nicht gut finden, im Spiel andere zu erschießen. Das weiß er.

Und wir wissen, daß er deshalb noch längst kein Kämpfer für den Frieden sein muß oder daß sein politischer Weg damit festgelegt wäre. Wir finden es aber wichtig, daß unsere Kinder unsere politische Einstellung erfahren, erleben und kennenlernen. Wie sie selber damit umgehen, ist ihnen überlassen.

Wenn in unserer Wohnung »geschossen« wird (tatsächlich sind solche Spiele bei uns sehr selten, weil unsere Kinder in Kinderläden gehen und auch die anderen Kinder Eltern haben, die gegen Kriegsspielzeug sind), ignorieren wir das und sind gelassen. Es wäre doch absurd, sich jetzt einzumischen und auf die schlimmen Folgen von Schüssen hinzuweisen!

Gelegentlich, wenn sich das Thema aufdrängt, weil z.B. die Oma von »der schlechten Zeit« erzählt oder ein einarmiger Mann im Bus sitzt und von seiner Kriegsverletzung spricht, greifen wir das Thema in Ruhe auf und machen *unsere* Einstellung klar. Mehr können wir nicht tun.

Oft höre ich, wie furchtbar das ständige »peng – peng« ist, das die Tochter oder der Sohn aus dem Kindergarten mitbringen. Sie selber seien völlig dagegen und hilflos, klagen die Eltern. Wenn das Schießen so laut wird, daß es ehrlich nervt, würde ich die Kinder bitten (und darauf bestehen), da zu schießen, wo ich nicht gestört werde. »Ich kann dieses Geräusch nicht hören, weil es mich an Krieg erinnert, und ich finde es so traurig, wenn Menschen erschossen werden, daß ich das nicht hören will.« Ich glaube, es ist sehr wichtig, daß Sie Ihre Ablehnung ehrlich formulieren und sich nicht irgendwas ausdenken: weil »man« eben nicht Schießen spiele oder weil »das« eben kein pädagogisch sinnvolles Spiel sei oder sowas.

Zweitens würde ich versuchen, herauszufinden, was an dem Spiel so faszinierend ist. Wenn es sich um Nachahmung von (im Fernsehen) Gesehenem handelt, wird Ihr Einfluß solange gleich Null sein, wie Sie sich selber solche Sendungen anschauen: Was für Sie wichtig ist, ist für Ihr Kind natürlich auch wichtig. Handelt es sich um Nachahmung des Spiels anderer Kinder, wäre es wichtig zu wissen, was den Reiz daran ausmacht: die Bewegung, das Verstecken und Rennen? Dann spielen Sie doch in Zukunft mal mit der ganzen Familie Verstecken, Einkriegen, »Ich wollt einmal spazierengehen. . . .«, Hase und Jäger oder ähnliche Spiele, die friedlich, aber doch voll Spannung und Bewegung sind.

Oder ist es das Geräusch? Der Krach? Dann verabreden Sie doch öfter mal Geräusch- und Stille-Spiele: Alle gehen im Zim-

mer umher und schreien, so laut sie können. Auf ein Zeichen hin (z.B. Glöckchen – schwieriger: jeder von selbst) hockt sich jeder hin und ist ganz still – genausolange, wie er laut war. Als nächstes können Sie murmeln und schweigen, flüstern und schweigen. Ganz toll wäre auch, wenn Sie mit Ihren Kindern Trommeln basteln könnten oder ihnen sogar eine Pauke schenkten. An Musikinstrumenten und im Gebrauch ihrer Stimme können Kinder nicht nur ihre Macht über Geräusche und Stille erfahren, sondern auch Wut und Ärger körperlich abreagieren.

Vielleicht findet Ihr Kind das Schießen vor allem deshalb so interessant, weil es erfahren hat, daß ihm die Pistole im Spiel Macht verleiht, während es sich sonst ohnmächtig fühlt. Geben Sie Ihrem Kind mal Macht: Lassen Sie es bestimmen, was am Sonntag unternommen wird, was es anzieht, was gekocht wird, wer eingeladen wird.

Sicher spielen viele Kinder deshalb Schießen, weil ihnen gerade nichts Besseres einfällt oder weil irgendeiner zufällig damit angefangen hat. Sollen sie spielen! Aber prüfen Sie, ob es nicht an der Zeit wäre, Ihrem Kind ein neues Spiel zu erklären (ohne ein altes zu unterbrechen), und spielen Sie mit! Prüfen Sie mal, wann Sie zuletzt vorgelesen haben oder gemeinsam mit ihrem Kind gebaut. Haben Sie überhaupt schon jemals eine Stadt gebaut und Menschen darin leben lassen? Hat Ihr Kind erfahren, wie abwechslungsreich, lebendig, schwierig, lustig und langanhaltend so ein Spiel vom Frieden ist?

Pipi Langstrumpf sprühte nur so von Ideen und Einfällen. Alles Ideen und Einfälle, die sich nur im Frieden realisieren lassen. Deshalb können in dem Buch auch ruhig Pistolen vorkommen. Sie sind langweilig und unwichtig, wenn man ein Mädchen mit roten Zöpfen kennt, das beim Fund einer leeren Konservendose vor Begeisterung aufschreit: »So ein Fund, so ein Fund! Büchsen kann man nie zu viele haben.«[8]

## Die Angst vorm Krieg

So wichtig wie die Frage nach dem »peng-peng« aus dem Kinderzimmer ist wohl die, wie wir und unsere Kinder lernen, mit der Angst vorm Krieg zu leben. Wie vermitteln wir unsere Friedensaktivitäten, ohne lähmende Angst zu verbreiten. Es gehört zu den schwierigsten Aufgaben, hier einen Weg zu finden, der weder verschweigt noch Angst erzeugt, die nur zu Lähmung, Flucht und Verdrängung führt.

Wer einen politischen Standpunkt hat und ihn auch vertritt, kann gar nicht vermeiden, daß Kinder das mitbekommen, Fragen stellen und nach Antworten suchen. Ich weiß von meinen Erstklässlern, daß sie nicht selten die politische Partei ihrer (Eltern) Wahl nennen und auch die dazugehörigen Schlagwörter und Parolen beherrschen, besonders natürlich in Wahlkampfzeiten. Es wäre also ungeheuer dummdreist, allein linken Eltern, Erziehern und Lehrern Indoktrination oder Angstmacherei vorzuwerfen. Schweigen und Beschönigen ist keine Antwort! Im Gegenteil: Wir sind verantwortlich für die politischen Zustände, die unsere Kinder vorfinden. Es gibt auch keine andere Möglichkeit, Angst zu überwinden: Wir sind verantwortlich, nicht ohnmächtig; wir reden und handeln gegen Aufrüstung und Krieg, und nie sollen uns unsere Kinder den Vorwurf machen, wir hätten nichts gewußt und getan. Wir denken und handeln – und beides vermitteln wir unseren Kindern.

Es gab sogar viele Menschen – und die gibt es auch heute noch –, die ins Gefängnis kamen oder sterben mußten, weil sie sich weigerten, auf andere Menschen zu schießen, in den Krieg zu gehen oder Lügen zu erzählen. Dadurch haben sie vielen anderen Mut gemacht, uns auch.

Kindern den Krieg in seiner realen Grausamkeit auszumalen, Fotos von Verstümmelten zu zeigen oder die Schrecken zu schildern, halte ich allerdings für ganz falsch. Die Vorstellung, daß eine geliebte Person im Krieg sterben muß, daß Tiere und Pflanzen verbrennen, ist für Vorschulkinder schon schlimm genug, sie muß nicht durch technische Details über den Strahlentod angereichert werden.

Die Tatsache, daß für Milliardengelder Waffen gekauft werden und dieses Geld fehlt für Spielplätze, Kindergärten und Hilfe gegen Armut und Krankheiten, verstehen Vorschulkinder ganz genau. Sie ist einfach und empörend, unbedingt nachvollziehbar. Daß wir auf der ganzen Welt, in allen Länders sehr viele sind, die wirklich Frieden wollen, macht uns allen Mut. Wo immer sich Kinder sagen können: Meine Eltern tun was für den Frieden, wird sich Angst in Aktivität und Vertrauen verwandeln können.

*Heinrich Zille: Brüder, zur Sonne, zur Freiheit . . . (1903)*

# Von des Wortes Gewalt
## Handeln – Denken – Sprechen

## Wie entsteht Sprache und wie kann man die Sprachfähigkeit fördern?

Wenn ein dreijähriges Kind zusammenhängende Sätze spricht, dann nur, weil vom ersten Tag an mit ihm gesprochen wurde. Sprachliche Anregungen, Anlächeln und Körperkontakt, ja sogar freundliche Blicke fördern die Sprachentwicklung.[9] Diese – man könnte meinen – Selbstverständlichkeit wurde in vielen Untersuchungen wissenschaftlich nachgewiesen – genauso wie die traurige Tatsache, daß Kinder ihre Sprachentwicklung nicht nachholen können, wenn sie z.B. aufgrund schwerer Mißhandlungen in diesen ersten Jahren nicht angesprochen wurden.[10]

Wenn ein Kind sprechen lernt, ahmt es nicht einfach die Erwachsenen nach. Es handelt sich vielmehr um einen eigenständigen produktiven Lernvorgang, der uns an das Problemlösen Erwachsener erinnert. Einerseits bezeichnen Wörter anschauliche Dinge – das Auto, die Puppe, andererseits dienen sie auch der Kennzeichnung logisch-begrifflicher Sachverhalte (z.B. Oberbegriffe wie Möbel, Gewürze oder Abstrakta: Mut, Angst, Fröhlichkeit). Wie gelangt das Kind zu der Fähigkeit, solche unanschaulichen Gebilde sprachlich zu benennen?

»Zunächst bildet das Kind mit Hilfe von Wörtern und Sätzen Elemente und Beziehungen von tätigkeitsorientierten Bedeutungskernen ab. In Zweiwortsätzen können wir beispielsweise die folgenden Bedeutungszusammenhänge ausfindig machen:
Aktor-Aktion: mama ata-ata (Mama geht weg)
Aktion-Objekt: ata-ata taße (wir gehen auf die Straße)
Besitzrelation: ati Ball (Beate hat einen Ball)
Qualitätsrelation: tasse müde (eine umgefallene, liegende Tasse)
Ortsrelation: papa auto (Papa sitzt im Auto)«[11]

Gleichzeitig entdeckt das Kind im *tätigen* Umgang mit Gegenständen und Personen Einzelmerkmale: Die Banane ist süß und gelb, das Auto rot. Diese Fähigkeit ist nun die Grundlage dafür, an verschiedenen Dingen *gleiche* Merkmale zu entdecken und diese Gleichartigkeit sprachlich zu benennen. So entsteht der unanschauliche Oberbegriff. Alle Tiere, die fliegen, sind jetzt »Vögel«.

Diese Vorgänge sprachlicher Abstraktion, diese Fähigkeit, sich Begriffe anzueignen, fängt im Vorschulalter an – und dauert lebenslänglich. Auch wir Erwachsenen lernen immer noch neue Begriffe hinzu oder verstehen lange benutzte Begriffe tiefer und richtiger durch neue Erfahrungen – Liebe oder System zum Beispiel.

Wie sehr die sprachliche Entwicklung Ausdruck der geistigen Entwicklung des Kindes ist, belegen die zahlreichen Wortschöpfungen und Sprachkonstruktionen, die uns an Vorschulkindern oft so entzücken. Sie zeigen deutlich, daß Sprachlernen Eigenaktivität, Produktivität und Kreativität voraussetzt, und strafen damit all jene Lügen, die zu sprachlichem Drill, Nachplappern und Einpauken auffordern. Der Zusammenhang von Handeln, Denken und Sprechen ermahnt uns zur Aufhebung der Trennung von Hand- und Kopfarbeit – zumindest im Umgang mit unseren Kindern. Das verbale Eintrichtern von Wissen und Moral und alle Programme, die Kinder an Medien wie Fernseher bannen, ohne ihnen Handlungsmöglichkeiten einzuräumen, sind unnütz.

Während bei Säuglingen und Kleinkindern noch jede Anregung und Kontaktaufnahme auch die sprachliche Entwicklung fördert, ist dafür vom zweiten Lebensjahr an neben den Handlungsmöglichkeiten auch die *Qualität* der Sprache der Erwachsenen entscheidend. Wer seinem Kind nie Fragen stellt und hauptsächlich in kurzen Sätzen und Befehlen zu ihm spricht, verzögert seine sprachliche Entwicklung und so zum Teil auch die Entwicklung der Selbständigkeit des Kindes.

Wie entscheidend die Art der Kommunikation in der Familie für die Entwicklung eines jeden ihrer Mitglieder ist, weiß jeder, der unter Streitgesprächen, Sich-Anschweigen, Mißverstehen und Hinterhältigkeit in der eigenen Familie gelitten hat. Durch Kommunikationsstörungen in der Familie können schwere psychotische »Erkrankungen« wie Schizophrenie hervorgerufen werden,[12] und – das ist wohl das faszinierendste – sie können durch den Gebrauch der Sprache auch »geheilt« werden. Für die sogenannte normale Familie ergibt sich daraus, sich dessen bewußt zu werden, daß wir unseren Kindern mit der Sprache nicht nur Worte vermitteln, sondern auch Umgangsformen, Weltdeutungen, Lebensgefühl. Indem wir miteinander kommunizieren, sprechen, schweigen, uns körperlich ausdrücken, vermitteln wir Denkgewohnheiten, Problemlösungsverhalten und Gewohnheiten, die uns oft ein ganzes Leben anhaften. Dies sollte uns nicht erschrecken, sondern sensibel machen und offen für Beobachtungen von Menschen, die außerhalb unserer Familie stehen. Manchmal geben sie wichtige Hinweise auf bestimmte »eingeschliffene Kreisläufe«, auf Ketten von Vorwürfen etwa oder verschiedene Auslegungen ein und derselben Sache, die sich auch zu Erziehungsproblemen verhärten können.

Nehmen wir mal den alltäglichen Vorgang, daß ein Kind sich selber ein Glas nimmt, Saft eingießt und dabei ein bißchen kleckert. Obwohl es sich um den gleichen Vorgang handelt, wird in Familie 1 vielleicht gleich geohrfeigt, ohne ein Wort, in Familie 2 Lob ausgesprochen, für die Selbständigkeit, verbunden mit der Bitte, die kleine Pfütze bitte auch noch aufzuwischen, in Familie 3 der Vorgang völlig ignoriert und in Familie 4 das Kind beschimpft, für die Schweinerei, die es angerichtet hat. Familie 5 dagegen beklagt, wie teuer der Saft ist und wie schwer das ganze Zeug ranzuschleppen ist.

Die sprachliche Entwicklung ist sicherlich die gewaltigste intellektuelle Leistung, die das Kind im Vorschulalter vollbringt. In ungefähr 30 Monaten schreitet es von primitiven 2-Wort-Kombinationen fort zur fast völligen Beherrschung des kompletten Grammatiksystems seiner Eigensprache.

*Zunahme des aktiven Wortschatzes in Abhängigkeit vom Alter*[13]
1. Spalte: Alter in Jahren/Monaten, 2. Spalte: Zahl der untersuchten Kinder, 3. Spalte: Zahl der Wörter

| Alter | n | Wörter |
|---|---|---|
| 1,0 | 52 | 3 |
| 1,6 | 14 | 22 |
| 2,0 | 25 | 227 |
| 2,6 | 14 | 446 |
| 3,0 | 20 | 896 |
| 3,6 | 26 | 1222 |
| 4,0 | 26 | 1540 |
| 4,6 | 32 | 1870 |
| 5,0 | 20 | 2072 |
| 5,6 | 27 | 2289 |
| 6,0 | 29 | 2562 |

Wir begleiten es auf diesem Weg – ohne Ziehen, Schubsen und Treten und ohne die Errichtung von Barrieren und Hindernissen.

## Anregungen zur Sprachförderung

Wenn Sie Ihr Kind ernst nehmen, es an Ihrem Leben beteiligen und seine Persönlichkeit respektieren, brauchen Sie sich keine Gedanken um eine spezielle Sprachförderung zu machen. Reden Sie mit Ihrem Kind und gehen Sie, soweit das möglich ist, auf seine Wünsche ein, und es wird mehr und mehr ein echter Partner in Ihren Gesprächen.

Gemeinsame Tätigkeiten in der Küche, beim Saubermachen, Reparieren von Dingen, Einkaufen, beim Spielen, Bauen, Basteln sind das beste Sprachtraining, denn nur im handelnden Umgang mit Gegenständen kann sich das Kind Begriffe aneignen.

Ein so abstraktes Wort wie z.B. »Gleichgewicht« kann es erst verstehen, wenn es eine Waage mit Waagschalen gesehen und bedient hat. Warum überträgt man das Wort aber auch aufs Radfahren? . . . .

## Wieso? Weshalb? Warum? Wer nicht fragt, bleibt dumm

Vielleicht machen Sie sich weniger Gedanken über Sprachförderung als darüber, wie Sie ihr ständig redendes Kind zur Ruhe bringen können? Obwohl ich Verständnis dafür habe, daß Sie die fünfundzwanzigste Warum-Frage an diesem Tag nur noch gereizt beantworten können, kann ich Ihnen nicht zu »Frag' nicht so viel!« oder »Sei nicht so neugierig!« raten. Solche Antworten töten das Denken, und wenn man an die Millionen Bildzeitungsleser in unserem Land denkt, wird klar, daß es immer noch viel zu viele Kinder sind, denen tagtäglich das Denken ausgetrieben wird. Fragen sind immer Ausdruck eines wachen Verstandes und großen Vertrauens, – sie müssen ernst genommen und beantwortet werden.

Nicht immer stellt das Kind eine Frage, weil es eine Antwort hören will. Manchmal ist die Fragerei auch eine Art Gesellschaftsspiel. »Besonders dann, wenn es die so beliebten Kettenfragen stellt. Zum Beispiel: »Warum hat die Maus so einen langen Schwanz?« – »Damit sie beim Klettern das Gleichgewicht besser halten kann.« »Warum muß sie das Gleichgewicht halten?« – »Damit sie nicht irgendwo runterfällt.« »Warum soll sie nicht runterfallen?« . . . . usw., usw. Solche Fragen wird man so lange beantworten, wie man will und wie es geht, und dann endet das Spiel meist mit allseitigem Lachen.

Es kommt auch vor, daß das Kind nur irgend etwas fragt, um sich in Erinnerung zu bringen. Sie haben es vielleicht lange nicht beachtet, es langweilt sich. Sie sitzen gerade am Küchentisch und planen den nächsten Urlaub, da kommt das Kind, lehnt sich an und fragt: »Mama, Papa, warum haben die Kühe schwarze Flekken auf dem Fell?« Wenn Sie Ihr Kind dann auf den Schoß nehmen und ein bißchen zärtlich zu ihm sind, dann war das vielleicht die Antwort, die es haben wollte.«[14]

Oft ist es sinnvoll, statt vieler Worte nur zu sagen: »Komm mit, das zeig ich dir«, und dem Kind den Sachverhalt sinnfällig zu demonstrieren. Das ist zwar im Augenblick zeitaufwendig, langfristig aber Anreiz für neue Spiele und selbständiges Erforschen. Wenn Sie bedenken, daß solche Anregungen Ihr Kind selbständiger und damit von Ihnen unabhängiger machen, sehen Sie das Zeitproblem bestimmt anders.

Sie können Fragen natürlich auch an andere weitergeben. Vielleicht ist es eine Frage, die Ihre Freundin, der Großvater oder der Hauswirt beantworten können. Sie können die Frage aufschreiben und das Kind telefonieren lassen oder gemeinsam beim Nachbarn klingeln, z.B. weil der eine Leidenschaft für Autos hat und Ihr Kind gerade wissen will, was ein empfindlicher Motor ist. Wir leben heute oft so isoliert und bilden uns ein, unsere Mitmenschen nicht »belästigen« zu dürfen. Tatsächlich mache ich aber immer wieder die Erfahrung, daß sich viele Menschen geradezu nach Kontakten sehnen und nur darauf warten, angesprochen zu werden. Lernen Sie also, mit Ihrem Kind Fragen zu stellen und Kontakte zu knüpfen!

Für viele Kinderfragen braucht man ein Lexikon. Schauen Sie sich doch mal in Stadtbibliotheken um, welches Ihnen sinnvoll erscheint, oder lassen Sie sich in Ihrer Buchhandlung beraten. Vielleicht könnte ein gutes Lexikon ein Weihnachtsgeschenk für die ganze Familie werden?

Versäumen Sie auch nicht, soweit möglich, die Fragen Ihrer Kinder aufzuschreiben. Das ist nicht nur eine schöne Erinne-

rung, sondern Spiegel seines Denkens und Fühlens und nicht selten Denkanstoß für uns Erwachsene.

Wenn wir auf Warum-Fragen antworten, neigen wir dazu, Ursache-Wirkung-Zusammenhänge aufzuzeigen: »Warum bellt der Hund?« – »Weil er einen anderen Hund begrüßt« oder »Weil das seine Sprache ist.« Fertig.

Die Realität ist jedoch viel komplizierter. Zwischen Dingen und erst recht zwischen Lebewesen bestehen Wechselwirkungen, die sich sprachlich schwer ausdrücken lassen. Die Hunde reagieren aufeinander, zwischen den bellenden Hunden besteht eine Beziehung. Wenn Ihr Kind Ihnen eine Frage stellt, dann geben Sie nicht einfach eine Antwort, sondern fangen selber an, nachzudenken, Fragen zu stellen. Sie antworten nicht nur verbal, mit Ihrer Stimme, sondern auch mit Ihrem Gesichtsausdruck, mit Körperhaltung, Gesten, Tonfall, – das alles wirkt zurück auf das Kind, beeinflußt zukünftige Fragen, Denkanstöße, Weiterdenken.

Die Art, auf Fragen einzugehen, ist wirklich entscheidend für das eigene und das kindliche Denken. Es gibt wohl auch keine bessere Möglichkeit, geistig flexibel zu bleiben, als sich dieser kindlichen Herausforderung zu stellen.

Statt einer Antwort kann man z.B. auch eine Gegenfrage stellen: »Warum bellt der Hund?« »Warum redest denn du?« Wenn man sich Zeit für einen Dialog mit seinem Kind nimmt, hört mit der Antwort der Denkprozeß nicht auf, sondern fängt überhaupt erst an.[15]

## Erzählen und Vorlesen

Bilderbücher anzuschauen, dabei zu sprechen, sie vorgelesen und erklärt zu bekommen ist ein großes Vergnügen für Vorschulkinder.

Ob man den Text wortgetreu vorliest oder mit eigenen Worten nacherzählt oder ob man sich zuerst nur die Bilder anschaut und darüber spricht, – das kann den Bedürfnissen des Kindes und seiner Erzieher überlassen bleiben. Wichtig ist nur, daß man

ICH HAB VON DORNRÖSCHEN GETRÄUMT, MAMMA!

sich viel Zeit nimmt, wenn man dem Kind ein neues Buch aushändigt, – dann wird es bald in der Lage sein, auch allein damit umzugehen.

Manche Kinder stellen zu jedem Bild viele Fragen und bringen sich selber mit ihren Erlebnissen und Erfahrungen ein. Andere lieben es, die Sprache des Textes auf sich wirken zu lassen, sie förmlich aufzusaugen, auch wenn sie nicht jedes Wort verstehen.

Bilderbücher sind für Vorschulkinder wichtig: weil es sich um Kunstwerke handelt, die schön sind, zum Lachen und Weinen bringen, kurz: Gefühle anregen und sensibel machen für Farbe, Form und Qualität einer Darstellung – und weil sie veranschaulichen helfen, was Eltern mit Worten allein nicht klarmachen können, Sachverhalte erläutern, Kompliziertes durchschaubar machen, Fernes nah heranholen, Unsichtbares sichtbar machen. Bilderbücher ermöglichen ein ganz individuelles Vorgehen und Verarbeiten. Die Bilder laufen nicht davon, man kann sie immer wieder neu anschauen, sich hineinsehen.

Man braucht auch keinen Fernseher, um seinen Kindern über das Leben von Kindern in anderen Ländern zu erzählen. Ich glaube, daß Bilderbücher für kleine Kinder ein viel einsichtigeres und anregenderes Medium sind als der Fernseher. Tatsächlich gibt es kaum einen Sachverhalt, der nicht in einem Bilderbuch dargestellt ist. Man muß diese Bücher nicht alle kaufen, sondern kann sie auch in der Bücherei oder bei Freunden ausleihen. Ein kleiner Bestand an eigenen Bilderbüchern, sorgfältig ausgesucht, ist in jedem Fall »ein Schatz«, an dem unsere Kinder, wenn sie alt werden können, ganz sicher noch hängen. Ich selber besitze noch Bücher aus meiner Kindheit, die heute schon Lieblingsbücher meiner Kinder sind.

Neben Bilderbüchern gewinnen im Vorschulalter Vorlesebücher an Bedeutung. Sie können spärlich oder gar nicht illustriert sein. Kinder wollen zwar gern Bilder sehen, sind aber keine da, entstehen beim Vorlesen Bilder vor ihren Augen.

Beim Vorlesen konzentriert sich das Kind. (Wenn es herumzappelt, woanders hinguckt oder zu spielen anfängt, breche ich ab, – ohne sauer zu sein). Es fühlt sich wohl in der körperlichen Nähe des Erwachsenen und nimmt die Worte in sich auf, freut

sich an Formulierungen, lernt neue Ausdrücke und Begriffe und bekommt so – langfristig – ein Gefühl für Stil.

Mit drei oder vier Jahren entwickeln manche Kinder eine verblüffende Fähigkeit im Auswendiglernen. Sie haben es gern, sich die Wörter in ihrer Reihenfolge einzuprägen, und wollen deshalb ein und dasselbe Buch oft mehrmals hintereinander hören. Das mag für manchen Erwachsenen nervig sein, für das Kind ist es eine ungeheure Leistung an Konzentration und Aufmerksamkeit, die viele Schulkinder nicht besitzen bzw. verloren haben. Seit ich gemerkt habe, daß diese Mühe sich doppelt lohnt, tue ich es noch lieber: mein älterer Sohn »liest« die so auswendig gelernten Bücher am nächsten Tag seinem kleinen Bruder vor.

Vielleicht haben Sie aber die Befürchtung, daß Ihr Kind viel zu zappelig oder temperamentvoll ist, um sich jemals ein Buch von vorn bis hinten anzuhören. Wenn es im Tagesablauf Ihres Kindes tatsächlich keine Stunde gibt, in der es sich nach Ruhe und Geborgenheit sehnt, dann sollten Sie Ihren und seinen Tagesablauf kritisch überprüfen und lernen, *gemeinsam* Ruhe zu finden. Es hat überhaupt keinen Zweck, ein Kind durch Schimpfen und Drohen zur Ruhe zu bringen, – Sie werden ja auch nicht innerlich ruhig, wenn Sie angeschnauzt werden. Aber nach einer liebevollen Umarmung auf einem gemütlichen Sofa sehnen Sie sich bestimmt ab und zu. Das ist eine gute Zeit zum Vorlesen. Hören Sie ruhig auf, wenn Sie merken, daß Ihr Kind nicht mehr kann und nicht mehr mag, das ist viel besser, als es vollzustopfen.

Und sollte Ihr Kind zu den unersättlichen gehören, – es ist besser, eine Geschichte mehrmals als viele verschiedene zu lesen. Das Kind braucht Zeit, um das Gehörte zu verarbeiten, zu verstehen und vielleicht mit Ihnen zu besprechen.

Eine fast verlorengegangene Kunst ist das Erzählen. Es hat gegenüber dem Vorlesen Vorteile: Der Erzähler hat seine Zuhörer im Blick, kann ihre Gefühle von den Gesichtern ablesen und dadurch viel genauer auf sie eingehen.

Natürlich macht das Erzählen mehr Mühe, denn man muß eine Geschichte sehr gut kennen und am besten schon mal erzählt haben, bevor man richtig gut ist. Üben läßt sich das Erzählen aber leicht: Versuchen Sie einfach, irgendein alltägliches

Glück oder Mißgeschick so zu erzählen, daß nicht nur Ihre Frau, sondern auch Ihre Kinder richtig mitfühlen können.

Wenn Ihr Kind etwas erzählt, und sei es noch so unverständlich, müssen Sie aufmerksam zuhören und dürfen es nicht unterbrechen. Zuhören und erzählen lernen, sich nicht unterbrechen und gegenseitig wichtig nehmen, sich einfühlen, mitfreuen und mitleiden, Ruhe finden und ausstrahlen, – all das sind Fähigkeiten, zu denen uns Sprache bemächtigt.

---

**Bilder- und Vorlesebücher für Kinder und Eltern**
(eine kleine, subjektive Auswahl)

*Bilderbücher*

John Burningham: Simp, der Hund, den niemand wollte
Otto Maier Ravensburg, DM 7,80

Gunilla Hansson: Ein Geschenk für Oma
Otto Maier Ravensburg, DM 9,80

Helme Heine: Tante Nudel, Onkel Ruhe und Herr Schlau
Middelhauve DM 7,80

Zolotow/Sendak: Herr Hase und das schöne Geschenk
Diogenes Taschenbuch, DM 6,80

Margret Rettich, Jan und Julia verlaufen sich
Oetinger Verlag DM 7,80

viele weitere alltagsbezogene Titel

Binette Schroeder, Lupinchen
Nord-Süd Taschenbuch DM 7,80

*Sachbilderbücher*

Ali Mitgutsch: Vom Sand zum Glas
Sellier Verlag, DM 4,00

und viele weitere Titel in der gleichen Art

Eva Scherbarth: Auf der Straße ist was los
Otto Maier Ravensburg

Gunilla Ingves: Unsere Hühner
Carlsen Verlag

Soutter-Perrot/Delessert: Die Erde
Insel-Verlag, DM 6,00

weitere Titel in der gleichen Art

Christel Rosenfeld / Marliese Dickmann, Die Sonnenblume
Ellermann Verlag

*Vorlesebücher*
Heinrich Hannover: Der müde Polizist
rororo, DM 4,80
Hanna Hanisch: Kopfkissengeschichten
rororo, DM 4,80
Ich bin aber noch nicht müde!
rororo, DM 6,80
Hanne Schüler: Geschichten ab 3
rororo, DM 5,80
Astrid Lindgren: Im Wald sind keine Räuber
Oetinger Verlag

Falls Sie mich nach Altersangaben fragen: zu groß ist man für
diese Bücher nie, – und wenn Sie merken, daß Ihr Kind noch zu
klein dafür ist, weil es kein Interesse zeigt, stellen Sie das Buch
einfach noch mal weg.

## Sind Märchen schädlich?

Zwischen dreieinhalb und viereinhalb Jahren war mein ältester Sohn besonders ängstlich. Gleichzeitig war er versessen darauf, Märchen zu hören. Er kam darauf, weil er bei einer Freundin eine Kassette von Hänsel und Gretel gehört hatte und die Geschichte zu Hause noch einmal hören wollte. Also kramte ich Grimms Märchen hervor und begann zu lesen.

Ich weiß nicht mehr genau, was zuerst da war: die Angst oder die Märchen. Jedenfalls haben mir einige Freunde geraten, mit den Märchen aufzuhören, was ich gar nicht konnte, weil mein Sohn darauf bestand und alle üblichen »Gute-Nacht-Geschichten« hartnäckig ablehnte. Ab und zu konnte ich ihn überlisten und ihm doch so eine »Kopfkissengeschichte« vorlesen, doch mußte ich ihm insgeheim Recht geben: Märchen gegenüber erscheinen diese Geschichten banal, kindisch, lächerlich, – obwohl sie in Wirklichkeit durchaus gut sind.

So nach und nach habe ich gemeinsam mit meinem Sohn die Märchen der Welt entdeckt und eine Begeisterung entwickelt, die ich seit meiner Kindheit verloren hatte. Ich stellte fest, daß Märchen weder reaktionär noch langatmig noch weltfremd sind, wie ich aus meiner Studentenzeit im Kopf hatte.

Gleichzeitig habe ich beobachtet, daß sich nicht alle Kinder etwas aus Märchen machen, sondern sie manchmal zu lang finden oder kein Interesse zeigen. Diese Kinder brauchen sicher vorläufig keine Märchen. So, wie Erwachsene unterschiedlich auf ein und dasselbe Buch reagieren – begeistert sind, abgestoßen oder gelangweilt –, je nachdem, wie sich das Buch in ihre derzeitige Lebenserfahrung einfügt.

Ich bin deshalb davon überzeugt, daß mein Sohn Märchen brauchte – gerade in dieser ängstlichen Phase, daß er in ihnen seine Probleme wiederfand und Lösungen entdeckte. Wie so mancher Prinz hat er die tiefen Wälder seiner Gefühle und Ängste durchwandert, und wenn ich sein Strahlen über einen Erfolg sehe – ein Strahlen, das kein Lob braucht, weil es aus sich selbst heraus kommt –, dann denke ich an die glücklichen Prinzen, die ihre siebentägige Hochzeit feiern.

Märchen sind Kunstwerke. Deshalb dürfen Sie nicht vereinfacht werden. »Märchen sind einzigartig, nicht nur als Literaturgattung, sondern als Kunstwerke, die das Kind gänzlich erfassen kann wie keine andere Kunstform. Wie bei jedem großen Kunstwerk ist auch der tiefste Sinn des Märchens für jeden Menschen und für den gleichen Menschen zu verschiedenen Zeiten seines Lebens anders. Je nach den augenblicklichen Interessen und Bedürfnissen entnimmt das Kind dem gleichen Märchen unterschiedlichen Sinn. Wenn es die Möglichkeit dazu hat, kehrt es zu dem gleichen Märchen zurück, sobald es bereit ist, alte Bedeutungen zu erweitern oder durch neue zu ersetzen.«[16]

Mit einer gewissen Erleichterung habe ich zur Kenntnis genommen, daß auch der »Arbeitskreis Neue Erziehung« Märchen empfiehlt: »Andere Märchen helfen ihm bei seinen oft heftigen inneren Konflikten zwischen »guten« und »bösen« Gefühlen. Kein Kind ist immer nur »gut«. Seine zornigen oder auch gewalttätigen Phantasien machen ihm oftmals recht zu schaffen. Im Märchen ist das Gute so gegenwärtig wie das Böse. Immer aber streng getrennt in verschiedenen Gestalten. Das ist zwar nicht lebensnah, entspricht aber dem Denken des Kindes. Die Zuspitzung in »Gut« und »Böse« ermöglicht dem Kind, den Unterschied zu erfassen. Und zusammen mit der Märchenheldin oder dem Held, dem das Kind gleichen möchte, schafft es, den bedrohlichen Feind z.B. in Gestalt der bösen Hexe trotz anfänglicher Niederlagen schließlich erfolgreich und endgültig zu besiegen. Märchen geben dem Kind Mut und Kraft, ohne das Kind mit charakterlichen Zwischentönen oder der Moral von Erwachsenen zu überfordern. Fast beiläufig, ohne daß es dem Kind bewußt würde, helfen Sie dem Kind bei seinen inneren Konflikten. Zum Beispiel dann, wenn es seine kleinen Geschwister zwar sehr lieb hat, aber auch sehr lästig findet. Immer dann, wenn es um die Gunst der Eltern geht.

So, wie sich Rapunzel mit ihren eigenen Haaren zu helfen weiß, so bieten die meisten Märchen dem Kind die tröstliche Gewißheit, daß es aus eigener Kraft seine menschlichen Probleme lösen wird. Nicht, indem das Böse verleugnet wird, sondern indem es besiegt wird. Die meisten der alten Hausmärchen

»machen« keine Angst, sondern können dem Kind helfen, seine Ängste zu überwinden, indem sie den Ängsten eine Gestalt verleihen. Diese Gestalt aber geht unter, und alles endet glücklich und zufrieden.«[17]

Zum Schluß noch ein Wort zu Märchenbuchausgaben: Ich habe stets die Grimm'sche Originalausgabe benutzt. Die für Kinder zurechtgekürzten und bis zum »pixi-Buch« verkommenen Ausgaben machen mich ärgerlich: Wozu diese Zensur? Im tatsächlichen Leben wird doch den Kindern viel mehr zugemutet. Gibt es denn Mozart oder Picasso für Kinder? Auch bei der Wahl der Illustrationen möchte ich zu Vorsicht raten: Lieber weniger als mehr! Kein Illustrator kann Schneewittchen so schön malen, wie es im Kopf Ihres Kindes entstehen wird, und um sich die Grausamkeit einer Hexe vorstellen zu können, braucht man nicht unbedingt Bilder.

## Die sagt ja »Ausdrücke«! – Benimm-Regeln für Kinder?

Ich muß sagen, daß ich es schon befremdlich finde, wenn in der Schule Kinder auf mich zugestürzt kommen: »Die Jule hat eben Ausdrücke gesagt!« Die Wohlerzogenen wagen es nicht einmal, solche Ausdrücke zu wiederholen.

Ein gut verkaufter Elternratgeber trägt den Untertitel »Wie erziehen wir sie (die Kinder) zeitgemäß?«[18] Ist es zeitgemäß, »Scheiße« sagen zu dürfen – weil es im modernen Theaterstück auch gesagt werden darf? Was soll überhaupt zeitgemäß heißen? Mit der Zeit – mit der Mode gehen? Die Kinder also anpassen an das, was jeweils zeitgemäß ist? Und wer bestimmt das?

Wenn Erziehung als Anpassung an eine bestimmte Zeit verstanden wird, kann ich nur heftig widersprechen. Es gibt keine Zeit an sich. Noch immer gibt es Könige und Diener, Herrscher und Beherrschte. Ihre Vorstellungen über »die Zeit« gehen auseinander, ihr Leben verläuft höchst unterschiedlich. Wie man seine Kinder erzieht, wird also wesentlich davon abhängen, wie man sein Leben gestalten will und kann – als Hammer oder Amboß, bewußt einflußnehmend oder unbewußt treibend.

Unter diesem Gesichtspunkt stellen sich auch Benimm-Fragen neu. Was bei Hofe Sitte ist, gilt noch lange nicht für das gemeine Volk. Wer bei Hofe Karriere machen will, sollte die Regeln allerdings kennen.

Zurück zu den Ausdrücken!

Ich war geschockt, als mich mein Sohn zum ersten mal »Blödarsch« titulierte. Meine spontane Reaktion: »Das finde ich ja nicht gerade sehr freundlich.« Erst später ist mir klargeworden, daß er gar nicht wußte, was ein Arsch ist. Und richtig: Er war höchst überrascht, als ich ihm erklärte, daß Arsch ein anderes Wort für Po ist oder daß Sau Schweinemutter bedeutet.

So banal es klingt, so wahr ist es doch: Schimpfworte wirken nur da, wo sich jemand beschimpft fühlt. Ihre Benutzung macht großen Spaß, wenn Erwachsene schockiert und sprachlos werden, empört sind. Genau deswegen werden sie auch in Theaterstücken verwandt.

In einer ruhigen Minute und gemütlicher Atmosphäre habe ich meinem Sohn außerdem erklärt, daß es einige Erwachsene gibt, die bestimmte Wörter nicht schön finden, z.B. die Oma. Mich selber stören diese Wörter nicht, ich mag es aber lieber, wenn man freundlich mit mir redet. Wir sind uns darüber einig, daß wir Schimpfen nicht schön finden, obwohl wir es beide gelegentlich tun.

Das einzig wichtige an Benimm-Regeln ist, freundlich zu sein, soweit es geht. Die Heuchelei und das ständige Regeln des Gefühlsthermostaten auf »mittel« ist sicherlich die menschenfeindlichste Seite des guten Benehmens. Und der einzige »Knigge« für Ihr Kind in diesen Fragen ist Ihr familiärer Umgangston. Wie zärtlich kann das Wort Scheiße klingen, wenn der Mann seiner Frau über den Kopf streicht, weil sie die erhoffte Anstellung aus fadenscheinigen Gründen nicht bekommen hat! Wie wohltuend klingt ein Fluch in einer Atmosphäre geheuchelter Zufriedenheit!

Daß das Ausstrecken der rechten Hand eine in bestimmten Kreisen übliche (und medizinisch fragwürdige) Art der Begrüßung ist, hat Ihr Kind sicherlich schon beobachtet. Es ist daher überflüssig, dies besonders zu trainieren. Ich jedenfalls überlasse es meinen Kindern selbst, auf diese Form einzugehen oder nicht. Schließlich haben wir uns auch eigene Formen geschaffen, Menschen zu begrüßen: manchmal nur mit »Hallo«, manchmal mit einer herzlichen Umarmung, manchmal mit einem höflichen »Guten Tag«.

Ernster muß man schon das Dazwischenreden nehmen. Fast alle Erwachsenen haben Probleme mit dem Ausredenlassen – und erst recht diese in ihrer Spontaneität noch ungezügelten Kinder. Trotzdem ist es wichtig, schon jetzt darauf zu achten, dem Kind nicht ins Wort zu fallen und umgekehrt sich nicht unterbrechen zu lassen. »Jetzt möchte ich erstmal ausreden!«

Wenn man sein Kind an seinem Leben beteiligt, wird es schnell sensibel für bestimmte Umgangsformen und guckt sie sich ab. Eines Tages will es eine Badehose, pupst nur noch gelegentlich und mit scheuem Blick, benutzt das Besteck wie Sie und vermeidet das Rülpsen in Gegenwart bestimmter Tanten.

Rollenspiele tun eine Menge dazu, dem Kind die Sicherheit zu verschaffen, die es in bestimmten Situationen braucht (einkaufen, etwas abgeben, nach dem Weg fragen).

Wenn die Worte »bitte« und »danke« zu Ihrem täglichen Umgangston gehören, wird sie Ihr Kind wahrscheinlich kommentarlos übernehmen. Ich selber finde das Wort »danke« so wichtig, daß es mir ein besonderes Gespräch wert war: Für den, der etwas verschenkt, ist es wichtig und schön, dieses Wort zu hören, – ein strahlendes Gesicht dazu ist allerdings noch schöner. Mit einem elterlichen »Nun sag aber auch danke!« ist dem Schenker also nicht gedient.

Und mit dem Einstudieren des Satzes »Darf ich Ihnen meinen Platz anbieten« erreichen Sie nicht, daß Ihr Kind einer gebrechlichen Frau seinen Platz anbietet. Dazu bedarf es des Vorlebens von Mitgefühl und Umeinandersorgen.

Ich finde es wichtig, daß Ihr Kind die Regeln kennt (d.h. durch das alltägliche Leben kennenlernt), über ihre Anwendung aber selbst entscheidet. Dann wird es auch stark genug sein, den Kommentar »Das ist aber ein unerzogenes Kind!« zu verkraften oder zu überdenken.

Ich lehne Erziehung ab, die Zurechtbiegen bedeutet. Wichtig ist der aufrechte Gang. Sollte Sie das Benehmen Ihres Kindes ernsthaft stören, dann bringen Sie das auch zum Ausdruck. Die Wortwahl dabei ist allerdings nicht unbedeutend: »Deine Worte finde ich wirklich sehr unhöflich. Das stört mich.« Aber nicht: »Red' nicht so frech!« oder »Du sollst in meiner Gegenwart nicht so sprechen.«

Bevor Sie sich aber mit Ihrem Kind anlegen, sollten Sie immer überprüfen, ob der wirkliche Grund Ihrer Wut nicht vielmehr der sehr höflich formulierte Brief mit der neuesten Mieterhöhung oder das freundlich-bedauernde Entlassungsschreiben Ihrer Firma ist.

# Vom Umgang mit Medien

## *Fernsehen – für Kinder?*

Eine lächerliche Frage – nicht wahr?

Denn entweder ist es klar, daß Ihr Kind fernsieht: Sie sehen schließlich auch fern, und dann ergibt es sich eben von selbst, daß Ihr Kind mitguckt. So schlimm kann das doch nicht sein. Schließlich bietet das Fernsehen einiges.

Oder Sie gehören zu jenen weniger als zehn Prozent der bundesdeutschen Haushalte, die gar keinen Fernseher haben, höchstens einen kleinen, den das Kind gar nicht als solchen wahrnimmt. Dann machen Sie sich sicherlich keine Gedanken darüber, ob Ihr Kind nun doch mal fernsehen müßte, um mitreden zu können.

In beiden Fällen können Sie dieses Kapitel gleich überschlagen. Denn Sie glauben doch nicht ernsthaft, daß es mir gelingen könnte, Sie davon zu überzeugen, daß Ihr Kind nicht fernsehen sollte: Sie können doch nicht ein Gerät, das in Ihrem Leben einen wichtigen Platz einnimmt, für Ihr Kind zum Tabu erklären!

Und im andern Fall: Sie wissen selbst, daß Ihr Kind auch ohne Fernseher ein pfiffiges Kerlchen geworden ist, das sich selbst beschäftigen kann und voll Tatendrang steckt. Weder Sie noch Ihr Kind brauchen den Fernseher.

Eine dritte, theoretisch weit verbreitete Variante zitiere ich aus einem beliebten »Elternbuch«: »Bei vielen Kindern gehört jetzt auch das Fernsehen zum Tagesablauf. In diesem Alter sollte allerdings nicht länger als eine halbe Stunde pro Tag ferngesehen werden. Die Eltern müssen dabei sein, denn ohne ihre Erklärungen wird das Kind nur verwirrt und kann keine Ordnung in den Ablauf der Bilder bringen. . . . . «[19]

Es lohnt sich, näher darauf einzugehen: Wie kommt es, daß für viele Kinder das Fernsehen zum selbstverständlichen Tagesablauf gehört? Wo kommt das plötzlich her? Ist dies die unvermeidliche Folge »unserer hochtechnisierten Welt«? Können wir nichts dagegen tun, nur noch resigniert feststellen: »Vor allem sind wir kaum in der Lage, unsere Kinder vor dem Fernsehen oder den dadurch vermittelten Eindrücken zu beschützen.«[20]

Wenn das so ist, was soll dann der zweite Teil: »Aber bitte nicht länger als eine halbe Stunde!« Wenn der hübsche Tierfilm nun länger dauert? Und wenn das Puppentheater nach einer halben Stunde noch nicht aus ist? Abschalten, – weil der Onkel vom Elternbuch es so aufgeschrieben hat?

Doch nun kommt der Höhepunkt: Die Eltern müssen dabei sein, denn ohne sie wird das Kind verwirrt und versteht nichts.

Nun mal ehrlich: Wenn das Kind schon fernsieht, dann wollen Sie doch wenigstens eine halbe Stunde Ihre Ruhe haben. Und wenn das Kind ohne Sie nur verwirrt wird, warum in aller Welt setzen Sie es überhaupt vor den Fernseher? Dann räumen Sie doch lieber gemeinsam die Spülmaschine aus oder geben ihm den Staubsauger, da haben Sie beide mehr von.

Die Auseinandersetzungen über das Fernsehen sind zutiefst lächerlich: Der große Geist ist nun mal da, die TV-Generation wächst heran, »vormittags sehen die Kleinen fern«[21] – großes Erstaunen, große Hilflosigkeit. Und dann treten die Moralapostel auf den Plan, die Pädagogen und Medienpädagogen, die Soziologen und Psychologen, die Fernsehmacher und Programmchefs mit dem großen Zeigefinger: So geht es natürlich nicht! »Am beliebtesten sind bei den Kleinen Krimis (durchschnittliche Sehbeteiligung 250 000 Kinder) und Spielfilme (200 000 Kinder).«

Was tun? Ganz einfach: fernsehen lernen.[22] Hierzu gibt es außerdem ein reichhaltiges Medienpaket – Bilderbücher, Spielanregungen. . . Sie sollen den pädagogischen Zeigefinger anschaulich versüßen. Das Kind kann dann im zarten Alter von 5 selber einsehen, wie dumm ein Krimi ist.

Kinder müssen schließlich auch lernen, über die Straße zu gehen, sich bei Tisch zu benehmen und die Toilette zu benutzen. Bringen Sie ihm also gefälligst auch das Fernsehen bei!

## 1. Die Augen

»Die oft gestellte Frage: ›Schadet das Flimmerlicht den Augen?‹ läßt sich mit einem klaren ›Nein‹ beantworten. Die Augen werden nicht vom

71

Fernsehen krank. Auch gibt es keine Sehstörungen durch ›unsichtbare Strahlen‹ aus der Bildröhre. Professor Herbert Schober, Direktor des Instituts für Medizinische Optik in München, äußerte sich dazu im Rahmen einer Untersuchung über das Fernsehverhalten von Kindern.

›Sehbeschwerden treten nur bei denen auf, die eine falsche Brille tragen oder überhaupt noch nicht bemerkt haben, daß sie unter Fehlsichtigkeit leiden. Das trifft besonders auch für Kinder zu, die durch eine Gleichgewichtsstörung des Augenmuskels zum Schielen neigen.‹

So kann das Fernsehen sogar auf notwendige Korrekturen an den Augen aufmerksam machen. Ein Abstand von zwei Metern zum Gerät, sowie eine Lichtquelle im Raum sind allerdings zu empfehlen.«[23]

## 2. Die Haltung

»Das lange bewegungslose Sitzen oder Hocken vor dem Bildschirm belastet die Wirbelsäule. Aus diesem Grund ist Professor Paul Otte von der Orthopädischen Universitätsklinik Mainz auf die Idee gekommen, man müsse Fernseher und Sitzmöbel beweglich aufstellen. Am gesündesten, so Professor Otte, wäre ein Stuhl, der nach dem Prinzip des Schaukelpferdes gebaut, aber auch zu den Seiten hin beweglich ist. Und der Fernseher sollte an einem biegsamen Rohr hängen, so daß er beliebig verstellt werden kann.

Solange wir diese haltungsfördernden mobilen Sitzmöbel aber noch nicht haben, sollten die Kinder beim Fernsehen auf dem Bauch liegen, mit einem harten Kissen unter dem Brustbein. So werden Wirbelsäule und Muskulatur in der richtigen Weise angespannt.

Eine flache, harte Couch gleicht Höhenunterschiede (zwischen Fernsehbild und Augen) aus. Am vorteilhaftesten wäre es natürlich, wenn auch der Fernseher auf verschiedene Höhen eingestellt und damit in die richtige Augenposition gebracht werden könnte (wie es zum Beispiel bei tragbaren Geräten möglich ist).«[24]

## 3. Schlafstörungen, Kopfschmerzen, Appetitlosigkeit

»Zu den häufigsten Beeinträchtigungen des Allgemeinbefindens nach längerem Fernsehkonsum gehören bei Kindern Schlafstörungen. Sie sind jedoch, genauso wie Kopfschmerzen, Appetitlosigkeit oder Übelkeit, nicht unmittelbar auf das Fernsehen zurückzuführen, sondern treten auch durch andere Belastungen auf und ›sind deshalb einfach Reizantworten eines Organismus, der dem Reiz nicht gewachsen ist‹, wie es der Hannoveraner Kinderarzt Professor Kurt Nitsch ausdrückt. Und er fährt fort: ›Daß das Fernsehen auch diesen Reiz darstellt, sogar recht häufig darstellt, ist zuzugeben, aber fernsehspezifisch ist das nicht.‹ Jede Dauerbelastung kann zu diesen Symptomen führen.

Deshalb gilt: Nicht zu lange hintereinander und nicht zu kurz vor dem Schlafengehen fernsehen. Vor allem kleinere Kinder brauchen eine ›Abschaltpause‹. Spätestens nach der ›Sesamstraße‹ am frühen Abend sollte die Mattscheibe für sie dunkel bleiben.«[25]

Natürlich darf Ihr Kind nur pädagogisch wertvolle Kindersendungen und diese nur in Ihrer Anwesenheit gucken. Was tun Sie aber zur Nachrichtenzeit, wenn es noch nicht schläft? Wie verhalten Sie sich beim Abendkrimi, wenn sich Ihr Kind – von Träumen geweckt – verwirrt in Ihrem Schoß kuschelt. Oder wenn Sie am späten Nachmittag Ihre Lieblingssendung sehen wollen, die Wohnung aber so klein ist, daß das Kind Sie stört?

Die vierjährige Melanie aus Langenfeld mußte dieses Vergehen im Januar '83 mit dem Leben bezahlen: Sie hatte durch ständiges Herumtollen beim Fernsehen gestört und wurde deswegen mit einem Kissen erstickt.[26] Natürlich – das ist ein Einzelfall. Er macht aber deutlich, daß die Fernsehfrage von den Eltern für sich selbst beantwortet werden muß. Das Fernsehproblem ist Ihr Problem.

Heike Mundzeck fragt sich: »Warum sehen schon kleine Kinder so gerne fern, wenn sie doch nur relativ wenig mitbekommen?«[27] Für mich gibt es darauf nur eine Antwort: Weil die Eltern es ihnen vormachen. Dann hilft auch kein pädagogisches Programm zum Erlernen des »richtigen« Fernsehens.

Machen Sie es es Ihnen nicht vor, können Sie sich das Erziehungskapitel Fernsehen im Vorschulalter sparen und statt dessen die tägliche halbe Stunde mit Spazierengehen oder Vorlesen verbringen. Versäumt Ihr Kind nun etwas?

Ausgewählte Fernsehsendungen nützen Ihrem Kind, meint Rororos Elternbuch.[28] Ich glaube das nicht. Vielleicht wird es die Uhrzeit nicht so schnell lernen wie der Junge, der am Abend dreimal ängstlich fragt, ob jetzt gleich *Sesamstraße* anfängt. Stattdessen wird es ruhig weiterspielen. Daß man beim Fernsehen mehr lernt als in der Wirklichkeit, behaupten nicht einmal überzeugte Fernsehpädagogen.

»Doch selbst über eine optimale Vorschulreihe kann das Kind nicht die ganze Umwelt erfahren und erleben. Darauf weist Professor Martin Keilhacker zu Recht ausdrücklich hin: ›Noch weit in das Volksschulalter hinein lernen Kinder eine Kiste nicht dadurch gründlich kennen, daß man auf dem Fernsehschirm vielerlei Kisten, große und kleine, hohe und flache an ihren Augen vorbeischiebt, nicht einmal dadurch, daß diese Kisten vor ihren Augen eingepackt und ausgepackt, verschlossen und verladen werden, sondern nur dadurch, daß sie selbst aus- und einpacken, in die Kiste hineinsteigen und möglichst vielseitig mit ihr hantieren. (. . .) Es besteht die Gefahr, daß Kinder und Eltern zu der falschen, für die natürliche Entwicklung des Kindes höchst schädlichen Auffassung gebracht werden, die totale Auseinandersetzung mit der Umwelt ließe sich durch ausgiebiges Fernsehen ersetzen.‹ Das Fernsehen zeigt eben nicht ›die Wirklichkeit‹, sondern ›Bilder von der Wirklichkeit‹. Sie können lediglich dazu anregen, die Wirklichkeit zu erforschen und sich mit ihr auseinanderzusetzen.«[29]

Solche Anregungen können Sie Ihrem Kind selber genausogut geben: Überlegen Sie mal, was man in der Zeit, in der man sich alle Vorschulprogramme ansieht, um festzustellen, welches geeignet ist, mit dem Kind zusammen anstellen könnte! Jeden simplen Vorgang im Haushalt, im Garten, am Fahrrad oder Auto können Sie genauso anregend mit Ihrem Kind zusammen erledigen! Und wenn Ihnen nichts mehr einfällt, dann fragen Sie doch mal die Nachbarn oder lesen ein Buch.

Zum Schluß meine eigenen Erfahrungen. Ich bin ohne Fernseher aufgewachsen (war zu teuer). Erst als ich 16 war und bei uns der Wohlstand einzog, kauften meine Eltern ein Gerät, und ich sah ab und zu eine Sendung. Ich gehe leidenschaftlich gern ins Kino und würde am liebsten selber Filme machen.

Als ich noch keine Kinder hatte, schrieb ich eine Examensarbeit über Musik im Fernsehen, genauer gesagt, in dem für Kinder leicht zugänglichen Nachmittagsprogramm. Ich ging ohne Vorbehalte an dieses Thema heran und war selbst auf das Ergebnis gespannt. Eine Woche lang schnitt ich das gesamte Nachmittagsprogramm auf Tonband mit. Jeden Nachmittag vor

PAPPA KUCKT WIEDER FUßBALL!

dem Fernseher zu verbringen, kostete mich Überwindung. Das Ergebnis war niederschmetternd.[30] Auch hier wird für die Kleinen nur Billigstes produziert: simpelste, platte Popmusik und musikalische Klischees – so dargeboten, daß Kinder und Erwachsene kaum bemerken, wie hier der musikalische Geschmack geprägt wird.

Seit ich mit meinem Mann zusammenlebe, steht ein Fernseher in der Wohnung: ein kleines tragbares Gerät, tagsüber hinter einem Tuch versteckt. Die Kinder haben das Gerät zwar schon gesehen, geben ihm aber keinerlei Bedeutung.

Unser inzwischen sechsjähriger Sohn hat bei Freunden und gelegentlich bei uns eine Kindersendung (begeistert) verfolgt, kommt aber nicht auf die Idee, regelmäßig nachzufragen oder sogar seinen Tagesablauf danach zu planen. Bis jetzt hat er nichts vermißt. Ich glaube allerdings nicht, daß er seinen Freunden und Freundinnen mit dem regelmäßigen Vorschulprogramm-Empfang aus diesem Grund in irgendeiner Form überlegen ist. Unterlegen aber auch nicht.

Wir finden es schön, daß wir uns die Diskussion ums Fernsehen bis in die Schulzeit aufheben können. Sie wird dann ein höheres Niveau haben, weil unsere Kinder besser argumentieren können. Dem Zwang, den »Flimmerkasten als. . . Faktor im

Sozialisationsprozeß«[31] sehen zu müssen, unterliegen wir jedenfalls nicht. Denn Zwänge erleben wir und unsere Kinder auch so schon genug.

## Ruhigmacher und Ohrwürmer – Schallplatten und Kassetten für Kinder

Kommen Kassetten nun besser weg, nachdem ich das Fernsehen madig gemacht habe? Sie haben zunächst mal den Vorteil, daß sie sich »nur« ans Ohr richten und nicht an das so leicht zu täuschende Auge. Hört das Kind eine Schallplatte oder Kassette, kann es sich dabei ungestraft bewegen, seine Lage beliebig verändern und vor allem jederzeit abschalten, von vorn anfangen, noch einmal hören. Wer den Bewegungsdrang von Kindern kennt und ihre Lust, Dinge zu wiederholen, wird diesen Vorteil nicht hoch genug einschätzen können.

Auch verlangt die selbständige Bedienung des Plattenspielers, Kassettenrekorders und Tonbands mehr Geschick und Können als der berühmte Knopfdruck beim Fernseher. Und der richtige, verantwortliche Umgang mit den Geräten war bei uns immer die Voraussetzung für ihren Einsatz.

Allerdings fehlt es auf dem Markt für Kinderschallplatten und Kassetten wirklich nicht an Ramsch und Schund, – im Angebot von Dummheit, Ignoranz, Phantasielosigkeit, Plattheit und Brutalität steht diese Branche dem Fernsehen nicht nach: »Wer sich mit dem tristen Thema Schallplatten für Kinder und Jugendliche befaßt, sollte das Umfeld kennen, müßte wissen, daß die Mehrzahl der LP's im Schnell- und Billigverfahren hingehudelt werden. Viel-Produzent Kurt Vethake rühmt sich, eine Kinderschallplatte in sechs bis sieben Stunden zu ›schaffen‹. Michael Weckler: ›Ich setze meistens einen Sonnabend und Sonntag an und mach dann drei oder vier Hörspiele‹.«[32]

Die Kontrolle der Eltern über das Marktangebot ist aber viel einfacher als über das Fernsehprogramm: Kinder im Vorschulalter kaufen Kassetten noch nicht selber, und Geschenke lassen sich eben leichter kontrollieren als das Programm von ARD und

ZDF. Ich finde also, daß einem etwa vierjährigen Kind in Phasen, in denen es müde ist und sich ausruhen möchte, durchaus mal eine Kassette oder Schallplatte mit Text und Musik angeboten werden sollte – *ab und zu*, nicht als ständiger Ersatz für elterliche Zuwendung.

Vielleicht haben Sie schon mal überlegt, Ihrem Kind ein eigenes Gerät zu kaufen.

Ich finde, es ist ein trauriger Anblick: ein einsames Kind in einem schönen Kinderzimmer mit Stereoanlage.

Es braucht wohl nicht erklärt zu werden, daß es schöner ist, mit einer gemeinsamen Stereoanlage sorgfältig und verantwortlich umgehen zu lernen.

Am leichtesten zu bedienen ist der *Kassettenrekorder:* Im Gegensatz zu Schallplatten können Kassetten nicht »versauen«, sind leicht vor- und zurückzuspulen, die Wiedergabe ist einfach. Aber nicht nur zum Wiedergeben von kleinen Hörspielen, Geschichten und Musik ist dieses Gerät geeignet, – Kinder können damit auch selber Aufnahmen machen, leere Kassetten bespielen und so aus der Passivität des Hörens zum aktiven Gestalten übergehen; Ihre ganze Familie kann etwas produzieren, viele akustische Spiele sind so möglich. Dabei lernen die Kinder gleichzeitig, wie Musik und Sprache in die Kassette kommen. Sie sollten Ihrem Kind auch erklären, wie man Musik von der Schallplatte auf eine Kassette überspielen kann: ein sehr geeignetes Verfahren, um Schallplatten zu schonen. Vielleicht gibt es auch im Radio mal eine Kindersendung, die aufzunehmen sich lohnt. Achten Sie übrigens darauf, daß Sie die »Knöpfe« oder »Tasten« an Ihrem Gerät richtig benennen und in ihrer Funktion erklären, – Vorschulkinder lernen sehr schnell. Nachdem meine Kinder einige Lieblingsmärchen hatten, die ich immer wieder vorlesen sollte, habe ich für jedes eine Kassette mit ganz einfachen, selbstgesungenen Liedern und Märchen aufgenommen. Ich hätte erstens nicht gedacht, daß mir das selber soviel Spaß macht, mich aufzunehmen, und war außerdem überrascht von dem überwältigenden Erfolg. Die Nachahmung kann ich wirklich sehr empfehlen, – auch als Geschenk für kleine Freunde, wobei es Spaß macht, auch die Kassettenhülle schön zu bemalen oder zu bekleben.

*Das Tonbandgerät* ist zwar komplizierter zu handhaben, hat aber auch Vorteile: Das Kind kann das Band, auf dem Musik, Sprache oder Geräusche gespeichert sind, richtig sehen. So ein Band kann man schneiden, – man kann Töne herausschneiden, das Band wieder zusammenkleben, es verlängern. Man kann das Band mit unterschiedlichen Geschwindigkeiten ablaufen lassen und die Veränderungen dabei beobachten: Jan brüllt auf einmal wie ein Löwe oder zwitschert wie ein Vogel, – obwohl er eigentlich ganz normal gesprochen hat.

Sollten Sie ein Tonband besitzen und außerdem noch gern fotografieren, könnten Sie sogar eine Ton-Dia-Schau zusammenstellen. Es muß ja nicht unbedingt eine Familienserie sein, in der jedes Mitglied sein Foto kommentiert. Eine Ton-Dia-Schau läßt sich zum Beispiel in der politischen Arbeit – gerade auch mit Kindern – leicht und billig einsetzen und kann ungeheuer wirkungsvoll sein.

## Schallplatten und Kassetten für Kinder (Empfehlungen)

Heinrich Hannover
Der vergeßliche Cowboy
Pläne Verlag MC 8281 K

Milne: Pu der Bär, Folge 1,2,3
Deutsche Grammophon 33 46 049 KS

Das Bärenorchester
Neue Kinderlieder
von und mit Klaus Hoffman
Pläne MC 8290

Lionni/Vahle
Frederick
Schwann Verlag 22 228 K
Andere Kassetten und Schallplatten von Frederick Vahle bzw. Christiane & Frederick sind bei Pläne erschienen – sie sind alle sehr, sehr gut.

Besonders aktuell ist vielleicht die Platte bzw. Kassette Der Friedensmaler, zu dem auch ein Buch mit Noten, Texten und Spielanregungen im Middelhauve Verlag erschienen ist.

Burkhardt Söll
Das Liederpaket KS
Pläne 88176

Gehn wir auf die Reise
Kinderlieder von Wolfgang und Margarete Jehn
Edition Eres, Bremen S
Hierzu ist auch ein Heft mit Noten und Spielanregungen im gleichen Verlag erhältlich.

Grips-Parade 1,2,3
Wagenbach Verlag
(Die schönsten Songs aus den Stücken des bekannten Grips-Theaters)

K = Kassette     S = Schallplatte

# Kunst für Kinder – Recht auf Kultur

Ich habe große Angst vor Krieg. Aber meine zweitgrößte Angst ist die vor Verdummung. Fast jeder Mensch wird mit einem perfekten Hirn geboren und später zur Dummheit erzogen oder systematisch am Klugsein gehindert.

Wenn man sich in Kindergärten und Vorschulen umsieht, bekommt man den Eindruck, daß Kunst für Kinder bedeutet, gelbe Sonnen, weiße Wolken und grüne Bäume an die Fenster zu malen, Sternchen zu basteln und Hampelmänner. Wenn man Gedichtbücher für Kinder durchblättert, scheinen sie sich nur für Wortspiele, Wetter und Tierkinder zu interessieren, für Handwerker, Bauern und alte Autos.

Tod, Geburt, Einsamkeit, Wut, Angst, Krankheit, Liebe, Schönheit von Sprache und Rhythmus – alles Dinge, mit denen sich Vorschulkinder auseinandersetzen, kommen fast nie vor.

Nur in größeren Städten gibt es Ausstellungen für Kinder – besondere Modelle, die ständig von Finanzknappheit bedroht sind. Was den musikalischen Bereich betrifft, so halten Schallplattenproduzenten und Musikredakteure von Kindersendungen offenbar Popmusik oder Kinderliedchen (Ein Männlein steht im Walde. . .) für die einzig angemessene Form, Kindern musikalische Inhalte nahe zu bringen.

Kurz: Kunst ist hierzulande einem kleinen Kreis von Kennern vorbehalten, und so soll es wohl auch bleiben. Oder wie können Sie sich erklären, daß Farbe in diesem Land nur auf Werbeflächen zu sehen ist, daß U-Bahnhöfe langweilig aussehen, daß vor keinem Kindergarten »Kunst am Bau« zu finden ist, daß Künstler um ihre Existenz kämpfen, daß Instrumentalunterricht im Vorschulalter unüblich und nur in Form von Musikschulen mit lächerlichen Mitteln gefördert wird? Daß es kaum Dichterlesungen für Kinder gibt und ein gutes Bilderbuch oft 20,—DM kostet? Wie weit müssen Sie laufen, um eine anspruchsvolle Kassette zu kaufen; wo ist die nächste Ausstellung, und welche Möglichkeiten gibt es, mit Kindern ins Konzert zu gehen?

HABEN DAS AUCH DIE BOSSE GEMACHT, MAMMA?

4 ft 84

Es war schon immer etwas teurer, einen besonderen Geschmack zu haben, – aber muß das so bleiben? Die Herstellung eines formschönen Milchtopfes ist nicht teurer als die eines kitschigen, es kostet nicht mehr, eine Kunstpostkarte zu drucken als einen Comic; und ob im Kindergarten die Reproduktion eines Bildes von Picasso oder Chagall hängt oder eine Nachgestaltung von Schneewittchen mit den 7 Zwergen als Laubsägearbeit, ist Sache der Leiterin.

Wenn alle U-Bahnhöfe zu Museen und alle Häuser zu Kunstwerken würden, – das wäre schon teurer. Und wieviel mehr Menschlichkeit würde es voraussetzen!

Daß aber in vielen Städten Fußgängerzonen eingerichtet wurden, die oft menschenfreundlich und künstlerisch gestaltet sind (z.B. mit lustigen oder phantasievollen Plastiken und Brunnen); daß hin und wieder Konzerte für die ganze Familie gegeben werden, daß einige Bilderbücher als Taschenbücher oder geheftet erhältlich sind, daß z.B. die staatlichen Museen in Berlin-Dahlem regelmäßig Kurse für Kinder anbieten, die ihnen den Umgang mit Kunst vermitteln sollen, – das alles zeigt, daß Veränderungen möglich sind, Forderungen sinnvoll, Kultur machbar.

Und was jeder jetzt und heute inmitten aller Unkultur seinen Kindern anbieten kann, ist auch nicht wenig: Nehmen Sie Ihr Kind mit in Ausstellungen, Museen und Galerien. Zum Schluß darf es sich eine Kunstpostkarte oder eine Reproduktion (Plakat) aussuchen und sie in seinem Zimmer aufhängen. Lassen Sie sich durch Ausstellungen auch anregen, selber etwas zu gestalten: eine Landschaft oder ein Porträt, – malen Sie neben Ihrem Kind, das natürlich gleich mitmachen will. Besorgen Sie sich Ton (oder Knetmasse) und modellieren Sie. Fertigen Sie Collagen an, wenn eine Ausstellung Sie dazu angeregt hat. . . Und die Bilder oder Objekte Ihrer Kinder müssen Sie liebevoll und würdig ausstellen. Lesen Sie Ihrem Kind regelmäßig vor, – aber nur Bücher, die Ihnen beiden gefallen. Gehen Sie gemeinsam in Stadtbüchereien, zu Lesungen für Kinder und ins Theater. Spielen Sie selber Pantomime oder Kasper, basteln Sie Marionetten oder Masken – wenn es Ihnen Spaß macht. Werken Sie gemeinsam, wenn Sie Talent dafür haben. Beteiligen Sie Ihr Kind z.B. an dem Bau einer Puppenstube oder eines Bauernhofes. Töpfern Sie Geschirr oder knüpfen Sie. Sticken Sie. Vergrößern Sie gemeinsam Fotos.

Es ist wichtig, daß Ihr Kind lernt, Arbeit zu achten, daß es erfährt, wie mühsam die Dinge seiner Umgebung entstanden sind, wieviel Geduld und Wissen in jeder Sache stecken.

Unterstützen Sie kulturelle Neigungen Ihrer Kinder und spüren Sie seine Interessen auf, auch wenn es Zeit und Geld kostet, Dreck oder Lärm verursacht und wenn die halbe Wohnung auf den Kopf gestellt werden muß.

Warum? Weil es Spaß macht, neue Fragen aufwirft, Denkanstöße und Anregungen gibt, Gefühle ausdrücken hilft und das Leben lebenswerter macht.


## Feste mit Kindern

Viele Erwachsene – und gerade politisch engagierte – haben das Feiern verlernt. Kindern muß man es nicht beibringen. Unseren ausländischen Kollegen und Freunden auch nicht. Wer schon mal Glück hatte, so ein multikulturelles Fest mitzuerleben, weiß, was ich meine.

Ich selber genieße die wiedergewonnene Freude an bemalten Ostereiern und am Weihnachtsbaum. Ich erzähle unseren Kindern die Weihnachtsgeschichte wie die Geschichte des 1. Mai. Aber ich finde, Weihnachten ist kein Thema zur Diskussion. Das soll jeder so feiern, wie er es für sich selbst richtig und glaubwürdig findet, so, wie es der Familie gemeinsam gefällt.

Neben den traditionellen Festen gibt es noch viele Anlässe, zu feiern: Geburten und Geburtstag, Befreiungstage im großen und kleinen, Solidaritätsfeste, Basare, Kindertage, Abschiedsfeste, Sommerfeste, Hinterhoffeste, Gartenfeste, Friedensfeste... sie alle gewinnen durch das gemeinsame Feiern mit Kindern, wie man auch von unseren ausländischen Freunden lernen kann.

Wenn ich Feste mit Kindern schreibe, meine ich allerdings nicht irgendwelche Veranstaltungen, auf denen dann einige Paare ihre Kinder mitbringen, sei es aus Prinzip oder weil sie keinen Babysitter haben, – und wo diese Kinder dann mehr oder

85

weniger gequält von Rauch und Lärm und Müdigkeit mehr oder weniger glücklich zwischen den Großen spielen oder hin- und hergeschoben werden... Ich meine Feste, bei denen man Kinder bewußt einbezieht.

## Feste in der Wohnung

Hierzu darf man nicht zu viele Leute einladen. Es sollte immerhin so viel Platz bleiben, daß die Kinder zwischen den Beinen der Erwachsenen umherlaufen können, denn gemeinsame Spiele fangen meistens damit an, daß einer ein bißchen wegläuft und andere nachkommen. Schön wäre ein offenes Nichtraucherzimmer – gut geeignet auch die Küche –, wo es einige Matratzen oder Sitzplätze gibt (keine Klappstühle, mit denen Kinder umkrachen!), Ruhe zum Quatschen für Große und attraktive Spielsachen (Kochlöffel, Trichter, Nüsse, Puppengeschirr, Magnete, Taschenlampen, Tücher, Handtaschen aus Omas Zeit, Fahrzeuge) für die Kleinen. Ungeeignet sind Geduldsspiele oder Spiele, die Ausdauer und Zeit erfordern (Erwachsene können sich ja auf Feten auch nicht konzentrieren), gut ist alles, was mit Aktion und Bewegung zu tun hat. Es ist auch besser, die Kinder die Angebote selbst entdecken zu lassen, als mit einem »Nun kommt mal alle in die Küche!« lauter Verklemmte zu produzieren, die sich an die Beine ihrer Bezugspersonen klammern. Erfahrungsgemäß tauen Kinder sehr schnell von allein auf, wenn man sie in Ruhe läßt.

Besondere Attraktionen sind nicht notwendig, – aber doch sehr schön: z. B. riesige Mengen Hefeteig bereitstellen (Vollkornmehl mit verwenden und die Zeit zum Gehen beachten!), Rosinen, Nüsse, Mandeln in Schüsseln dazustellen und die Kinder formen lassen: Brötchen, Figuren, Brezeln, Zöpfe, Friedenstauben. Am besten, ein Erwachsener fängt einfach damit an. Er wird nicht lange allein bleiben. Die Produkte müssen je nach Dicke 15–20 Minuten backen und können dann entweder warm verspeist oder für gute Zwecke verkauft werden.

Bei einer Firma für Kindergartenausstattung (im Kindergarten erkundigen) rechtzeitig viele billige Plastik- oder Glasperlen bestellen, diese auf Tabletts oder in Tellern bereitstellen und auf Lederbänder oder Schürsenkel aufziehen lassen. Die Armbänder und Ketten düfen die Kinder behalten oder auf dem Bazar verkaufen. Statt der Perlen kann man auch kleine Glöckchen oder Naturmaterialien nehmen, jedoch nicht solche, die schwer fädelbar sind, wie z. B. Kastanien. Geeignet wären Hagebutten, Nasen von Ahornbäumen oder Blätter.

Billige Magnete kaufen, an Fäden befestigen und mit Stöcken zu Angeln machen. Fische aus dünner Pappe ausschneiden, ggf. von Kinder bemalen lassen und mit Büroklammern oder aufgeklebten Pfennigen versehen. Ein blaues Tuch oder Papier bildet die Wasserfläche, von der nun geangelt werden kann. Die geangelte Beute darf jedes Kind behalten.

Als Einlage oder Höhepunkt bietet sich ein kurzes Kasperstück oder die Vorführung von Zauberkunststücken an (z. B. nach dem Buch Stumpf/Rodewald, Hokus Pokus Fidibus, Verlag für Lehrmittel, Pössneck, DDR, 4,80). Sehr geeignet ist auch eine kurze Dia-Vorführung: Beliebt sind natürlich alle Bilder, auf denen die Kinder selber vorkommen, und Tierbilder. Weitere Möglichkeiten: Die Kinder spielen Schattentheater im Licht des Projektors oder führen von ihnen selbst mit Folienstiften bemalte Dias vor.

Wenn es draußen dunkel ist, kann man mit Laternen, Taschenlampen oder Windlichtern zum Abschluß noch einmal ums Haus oder um den Block ziehen.

Besonders schön sind auf jedem Fest Musikeinlagen – Lieder, Stücke oder Tänze, die man gemeinsam entwickelt. Dazu braucht man allerdings Gäste, die das nicht als peinlichen Zwang empfinden, – das sind Kinder und Freunde aus Chile, der Türkei, Griechenland, Italien... Und es gibt auch sehr viele gute deutsche Singgruppen. Wichtig ist nicht ihr Können, sondern ihr Spaß.

## Feste im Freien

Draußen, besonders wenn es warm ist, fühlen sich Kinder natürlich am wohlsten. Hier gibts Platz, Luft und hoffentlich Sand oder Kies. Zum Beladen von kleinen Autos, Traktoranhängern oder Lastkähnen genügt schon der kleinste Haufen. Wasser darf man nur zur Verfügung stellen, wenn es heiß ist oder alle Ersatzkleidung mitgebracht haben – sonst löst sich das Fest bald auf.

Hilfreich ist auch ein harmloses Mittel zum Einreiben gegen Mücken (falls nötig).

Hat man eine große mit Turnmatten oder Campingmatratzen ausgelegte Fläche, vielleicht sogar ein Zelt, ist das Fest schon gerettet.

Als besondere Attraktion könnte man anbieten:
– einen Friedensbaum pflanzen oder ein Friedensbeet anlegen
– Friedenstauben basteln und einen Baum damit schmücken
– lange Bänder aus Kreppapier an Stöcken befestigen; vielleicht noch zusätzlich mit Draht kleine Glöckchen anbringen; die Kinder damit umherlaufen oder schwingen lassen
– riesengroße Kartons, Scheren und Farbe (z. B. Kleister mit Farbpulver – auf Ungiftigkeit achten!) bereitstellen und die Kinder Häuser, Schiffe, Autos erfinden lassen
– eine kleine Zirkusnummer vorbereiten und aufführen: z. B. Clowns, zwei unter einer Decke als Pferd, Zaubern oder Akrobatik. Solche Aufgaben lassen sich sehr gut auch an größere Schulkinder übertragen, die kleine begeistern.

Bitte teilen Sie keine Bonbons oder Lutscher an die Kinder aus. Sie finden Feste auch ohne solche süßen Gifte schön und sind mit Weintrauben, Vollkornbrezeln, Schlagsahne, Fruchtquark, Obsttellern und Nüssen gut bedient.

Bei vielen Festen steht die Solidarität – das Eintreiben von Geld – im Vordergrund. Am besten ist, sich ein konkretes Projekt vorzunehmen, das mit Bildern oder genauen Beschreibungen, die auch Kinder verstehen, vorgestellt wird: z. B. eine Kindergarteneinrichtung für Nikaragua, Fahrräder für Vietnam, ein Krankenwagen für Angola oder Geld für einen Gedenkstein…

Die Kinder reißen sich darum, Geld einzusammeln, z. B. in einem Tuch, das sie gemeinsam tragen (an den Außenrändern festhalten), oder mit Hilfe eines Tesakreppbandes, auf das die anderen Geldstück für Geldstück aufkleben. Eine andere Möglichkeit ist, gerahmte oder ungerahmte Kinderbilder (die man im

Laufe des Jahres gesammelt hat) zu verkaufen (das kommt bei Kinderlosen am besten an), ausgedientes Spielzeug oder abgelegte Kindersachen. Ein Bilderbuchtisch mit Ausgelesenem ist ebenfalls sehr attraktiv. Wichtig ist nur, die Kinder mit einzubeziehen und ihnen auf keinen Fall heimlich Spielzeug zu klauen, – das gibt sonst peinliche Szenen.

Im Frühling sind alle wild auf Blumen und Grünpflanzen. Man kann mit Kindern schon in den Wintermonaten anfangen, in Töpfen Pflänzchen zu ziehen, um sie dann auf einem lange geplanten Fest zu verkaufen – z. B. für Nikaragua. Wenig Vorbereitung brauchen Kressetöpfchen (dauert ca. 5 Tage) oder Getreide (ca. 1 Woche, bis es attraktiv grün ist). Kostenlose Blumentöpfe sind Joghurt- und Quarkbecher, Obstschalen aus Plastik, halbe Eierschalen (für Gras oder Kresse), sehr attraktiv in Kombination mit billigen Eierbechern z. B. auch vom Trödler.

Schön finde ich es, wenn man auf Festen etwas Gemeinsames produziert: z. B. einen einfachen Lumpenteppich (Holzrahmen mit senkrecht gespannten Schnüren, durch die Stoffstreifen gezogen werden; genaue Anleitungen z. B. in Sabine Lohf, Das hab ich selbst gemacht, Bastelbuch für Kinder ab 4, Otto Maier Ravensburg 1983), an dem alle mitweben können und der hinterher versteigert wird, oder ein riesengroßes Stoffbild nach Vorbild der chilenischen Lumpenbilder (dazu braucht man ein großes Tuch als Hintergrund, viele Stoffreste, Wollreste, Knöpfe und Applikationen, Scheren und Nadeln, Stick- und Nähgarn), für das man sich ein Thema sucht: eine Stadt, eine Menschenmenge, Bäume... ein Viereck als Haus aufnähen, ein bißchen Rasen sticken oder einen Knopf als Blume oder Auge aufnähen, das kann jeder und macht fast allen Spaß.

Oft höre ich Erwachsene klagen, sie würden gern dies oder das machen, kämen aber nicht dazu. Kinder sind ein guter Anlaß, verschüttete Talente oder alte Träume wieder auszugraben. Kinder legen überhaupt keinen Wert auf Perfektion. Sie wollen *tun*. Das Ergebnis ist dabei nicht das Wichtigste, – wobei es durchaus ein schöner Nebeneffekt sein kann, mit ein par bemalten Teedosendeckeln zwanzig Mark auf dem Flohmarkt zu verdienen.

## Plädoyer für Kitsch

Wenn Sie auch zu denen gehören, die seit seiner frühesten Kindheit darauf geachtet haben, daß Ihr Kind formschönes Holzspielzeug erhält, weil Sie ja wissen, wie früh sich Geschmack prägt, wenn Sie immer auf farbschöne Kombinationen Wert legen und Ihre Wohnung mit ausgewählten Stücken formschöner Designs ausgestattet haben, – ist es nicht schockierend, welche Vorliebe für Kitsch Vorschulkinder entwickeln?

Eine billige Klunkerkette mit rosaschimmernden Plastikperlen für 3 DM von Woolworth, Schlümpfe, Mickey-Mouse-T-Shirts billigster Qualität, zweidimensionale Kätzchenbilder mit falschem Goldrahmen, Lackbilder mit Engelchen und Augenaufschlag, lila Lackschuhe und Geschenkpapier mit Klapperstörchen, die Babys im Schnabel halten, – all das ist heiß begehrt.

Woher kommt das? Ich weiß es nicht. Offensichtlich spricht dieser Kitsch Neigungen an, die wir zu wenig berücksichtigen, geheime Wünsche nach Heilem, Niedlichem und Märchenhaftem, Träume vom endlosen Glück.

Ich muß gestehen, daß es lange gedauert hat, bis ich bereit war, die erste Mark für einen Schlumpf rauszurücken. Meine Söhne nennen aber inzwischen mehrere dieser häßlichen Gummimännchen ihr eigen und hüten sie sorgsam in Weckgläsern, weil ich das begehrte Pilzhaus noch verweigere. Fabian bekam von Ursel zwar nicht die begehrten Kitsch-Ohrclips, dafür aber ein grauenhaftes T-Shirt mit Mickey-Mouse als Kompromiß. Und wenn Schuhe gekauft werden sollen, dann gehen wir nur in solche Läden, die Lackschuhe gar nicht erst führen. Eines Tages verhinderte ich nicht länger, daß unsere Kinder ihre schönen Kiefernholzbetten mit den unmöglichsten Aufklebern versahen und allmorgendlich vor den Zwergen im Nachbargarten andächtig verharren.

Irgendwie brauchen sie das. Und obwohl wir vorläufig noch nicht daran denken, unsere Zimmer anders einzurichten, – ich plädiere hiermit für Kitsch. Zumindest in einer Ecke.

# Musikalische Früherziehung

Nicht jedes Kind kann Musiker werden. Aber jedes Kind hat musikalische Fähigkeiten, die entwickelbar sind. Daß die meisten Menschen musikalische Analphabeten bleiben, ist eine traurige Tatsache, die mit mangelnden Möglichkeiten musikalischer Aufklärung und Betätigung zu tun hat.

Wenn Sie die musikalischen Fähigkeiten Ihres Kindes nicht verkümmern lassen wollen, sollten Sie sich im Kindergarten nach Möglichkeiten der musikalischen Früherziehung erkundigen. In einigen Kindergärten wird mit den Kindern regelmäßig Musik gemacht. Sollte das nicht der Fall sein, lohnt sich der Vorschlag, eine Fachkraft für eine Stunde wöchentlich einzustellen. Über die Bezahlung müßten sich die Eltern mit der Leitung der Kindertagesstätte bzw. der Einrichtung oder mit dem zuständigen Amt einigen. Es gibt auch private und staatliche Musikschulen, die Kurse für musikalische Früherziehung anbieten und eventuell Kindergruppen geschlossen aufnehmen. Am besten, Sie erkunden Ihre örtlichen Bedingungen und bringen das Thema auf einem Elternabend zur Sprache.

Es gibt verschiedene Vorstellungen über das, was musikalische Früherziehung sein soll. Ein wichtiges Kriterium zur Beurteilung wäre für mich, daß es den Kindern Spaß macht. Wenn sie begeistert davon erzählen oder noch am Nachmittag still vor sich hinsingen, können Sie von der Qualität eigentlich überzeugt sein. Ein Notentraining oder eine einseitige Ausrichtung auf Singen halte ich für falsch. Ich finde es wichtig, daß so kleine Kinder zunächst an Musik herangeführt werden, an die verschiedensten Formen des Umgangs mit ihr: Zuhören, Improvisieren (musikalische Geschichten erzählen und erfinden), Wiedergeben (Lieder, bestimmte Rhythmen), Notieren (mit Zeichen; Noten sind nur *eine* Form der Notation) und vor allem – sich zur und mit der Musik bewegen.

Die Kinder sollten befähigt werden, ihre akustische Wahrnehmungsfähigkeit zu entwickeln, und sich daran gewöhnen, Musik aktiv aufzunehmen, statt sich berieseln zu lassen.

### Soll mein Kind ein Instrument lernen?

Die Musikalität hängt nicht von teurem Privatunterricht ab. Mit seiner Stimme und anderen »Körper-Instrumenten« (klatschen,

schnalzen, treten, stampfen etc.) ist jedes Kind musikalisch ausgerüstet und bei entsprechender Förderung in der Lage, seine Musikalität zu entfalten. Dabei stellt das Instrumentalspiel eine Bereicherung der musikalischen Erfahrungen und Möglichkeiten dar.

Wenn Sie selber schon immer ein Instrument lernen wollten, aber nie durften, machen Sie Ihr Kind ganz sicher unglücklich, wenn Sie es nun zwingen, Ihre mißglückten Kinderträume für Sie auszuleben. Vielleicht haben Sie aber Lust, mit Ihrem Kind zusammen etwas Neues zu lernen, – und wenn Ihr Kind Spaß daran hat, wäre dieses Alter geradezu ideal: noch hat es keinen Schulstreß, ist vielleicht öfter geistig unterfordert und hat dazu ein Alter erreicht, in dem es für musikalische Inhalte aufgeschlossen ist.

Sie müssen sich im Falle eines privaten Musikunterrichts darüber im Klaren sein, daß er teuer ist. Sie brauchen auch viel Zeit zum Zuhören und Erklären, dazu gute Nerven. Das geht also nur, wenn wirklich Spaß und Interesse bei allen Beteiligten vorhanden ist.

Welches Instrument ist für ein so kleines Kind geeignet? Im Prinzip jedes. Wenn man bedenkt, daß es in Japan Orchester von Dreijährigen gibt, wird klar, welche Potenzen in Kindern stek-

94

ken. Auch haben Musikpädagogen in den letzten Jahren Methoden speziell zum Instrumentalunterricht sehr kleiner Kinder entwickelt. Das Problem ist wohl eher, einen guten, d.h. auch pädagogisch qualifizierten Lehrer zu finden, ein bezahlbares Instrument und einen Hauswirt, der keine Einwände gegen das Üben hat.

Wenn Sie einen Musiklehrer suchen und Ihnen Bekannte keinen empfehlen können, erkundigen Sie sich am besten beim Organisten Ihrer Kirchengemeinde, bei einer staatlichen Musikschule oder, falls Sie in einer Universitätsstadt wohnen, bei der entsprechenden Abteilung der Musikhochschule.

Der Preis für Musikinstrumente liegt zwischen 30,– DM für eine gute Blockflöte und 3 000,– DM für ein Klavier, nach oben gibt es kaum Grenzen. Wenn Spielfreude und damit musikalische Potenz vorhanden ist, kann Geld kein Hinderungsgrund sein: mit selbstgebauten Instrumenten, Fantasie und Elan kann man mehr erreichen als mit einem teuren Flügel, für den sich niemand wirklich begeistert.

Auch ohne speziellen Unterricht erlernbar ist das Spiel auf Orff-Instrumenten. Ideal für Kinder sind die »klingenden Stäbe«: einzelne Metall-, Holz- oder Kunststoffplatten auf einem Resonanzkörper, die in jeder Tonlage erhältlich sind. Sie lassen

sich beliebig zusammenstellen oder einzeln verwenden und ergeben, zusammen mit Schlaginstrumenten gespielt, unendlich viele Möglichkeiten, gemeinsam zu musizieren. Und das Gemeinsame ist wichtig: Musik macht erst mit anderen zusammen richtig Spaß.

Ein ganz besonderes Instrument ist übrigens das Klavier. Nicht nur, weil sich auf ihm mühelos viele Geräusche und Klänge produzieren lassen, sondern auch, weil es als einziges Instrument schult, beide Hände unabhängig voneinander zu trainieren, wodurch gleichzeitig das Gehirn enorm geschult wird, unabhängig von der Musikalität.

Wie es allerdings gelingt, ein Vorschulkind ohne Druck zum Klavierunterricht und regelmäßigen Üben zu bewegen, kann ich Ihnen auch nicht vermitteln. Ganz sicher ist die Persönlichkeit des jeweiligen Lehrers dabei entscheidend.

# Von Kopf bis Fuß: Körperliches

## Vorschulkinder am Mutterbusen? Probleme des Abstillens

Als ich vor sechs Jahren unseren ersten Sohn bekam, begann allerorten eine breite Aufklärung über die Vorteile des Stillens. Die Schwierigkeit bestand darin, das Stillen zu lernen. Stillgruppen wurden gebildet, um Erfahrungen auszutauschen und Müttern zu helfen, ihr Kind mit ihrem Körper zu ernähren.

Als ich vor drei Jahren unseren zweiten Sohn bekam, war es in bestimmten Kreisen üblich und selbstverständlich, Kinder zu stillen – und zwar so oft und so lange wie möglich. Die Schwierigkeit besteht jetzt darin, die problemlos gestillten Kinder abzustillen bzw. sie dem Mutterbusen, der so großzügig angeboten wurde, wieder zu entwöhnen.

Während es inzwischen eine Flut von Literatur zum Stillen gibt, ist mir keine Abhandlung bekannt, die sich mit dem Abstillen auseinandersetzt. Alles, was ich hier schreibe, geht auf eigene Erfahrung zurück, auf die vielen, manchmal verzweifelten Gespräche, die ich mit anderen stillenden Müttern hatte.

Kurz: Eines der größten Vergnügen meines dreijährigen Sohnes ist »Busen nuckeln«, und dieses Problem war lange Zeit aktueller Dauerbrenner in ehelichen Streitgesprächen. Was ich inzwischen aus vielen anderen Familien gehört habe, geschah auch bei uns: Till lehnte jegliche Art von Nuckelflasche ab, ernährte sich hauptsächlich von Muttermilch und sah mich lange als bedeutendste Bezugsperson an.

Unabhängig(?) davon ist er ein sehr glückliches, unabhängiges und gesundes Kind. Inzwischen drei Jahre alt trinkt er jetzt gern aus Flaschen, läßt sich auch von anderen ins Bett bringen, besucht Freunde und Verwandte für mehrere Stunden ohne uns und spielt lange und intensiv allein.

Aber nachts! Nachts schreit er entsetzlich, wenn er aufwacht und meine Brust nicht vorfindet.

Es gibt zwar – sieht man mal von grausamen Methoden wie Chillie-auf-die Brust ab – keine Rezepte, nach denen man Kinder erfolgreich abstillt, immerhin aber viele Anregungen, die Eltern auf neue Gedanken bringen können:

Gerade wenn Kinder lange gestillt werden, ist es sehr wichtig, daß sich auch andere Bezugspersonen, besonders ihre Väter, intensiv mit ihnen beschäftigen. Lieblingsspeisen und Lieblingsspiele, Neigungen und aufkeimende Interessen sollten gerade mit diesen nicht-stillenden Personen verbunden sein.

Wichtig ist auch, herauszufinden, auf welche anderen Zärtlichkeiten oder Körperspiele das Kind reagiert.

Außerdem sollte es viel mit anderen Kindern zusammenkommen und mit ihnen auch körperliche Erfahrungen machen können (gemeinsam baden, gemeinsam nackend im Sand spielen).

Wenn es in anregungsarmer Umgebung aufwächst und sich nur mit seiner Mutter beschäftigen kann, besteht die Gefahr, daß es »mutterfixiert«, d.h. unselbständig und ängstlich bleibt. Ist das aber nicht der Fall, so erweisen sich Vorschulkinder, die sich nachts an der Mutterbrust trösten, tagsüber als unabhängige, selbständige und fröhliche Kinder. Die viel gepriesenen Indianer Jean Liedloffs zeichnen sich ja auch gerade durch die Kombination von Zuwendung (langes Stillen) und Übertragung von Verantwortung bzw. Teilnahme am Leben der Erwachsenen aus (mit 3 Jahren gehen sie mit auf Jagd).

Je älter Kinder sind, desto stärker werden sie Gewaltanwendung als Demütigung erfahren: deshalb haben wir Pläne des gewaltsamen Abstillens längst aufgegeben. Man kann mit einem dreijährigen Kind sprachliche Vereinbarungen treffen: »Es ist mir zu anstrengend, dich tagsüber nuckeln zu lassen. Ich mache dir gern eine Flasche.« (Kann man natürlich auch nachts sagen!)

Von einem kleinen Mädchen hörte ich, daß sie das Busennuckeln freiwillig aufgab, weil das die Voraussetzung für die Zeugung des erwünschten Geschwisterchens war. Soviel Rationalität wird man von den meisten Kindern nicht erwarten können.

Andererseits sollte man sich aber auch davor hüten, das Busennuckeln für viel dramatischer zu halten als das Daumennuckkeln oder das Angewiesensein auf eine Flasche; der einzige Unterschied besteht darin, daß der Busen bei uns als Tabuzone gilt und daß Busen an der Mutter hängen, – in diesem Punkt also eine körperliche Abhängigkeit bestehen bleibt. Diese Abhängigkeit ist sicherlich nicht erstrebenswert, – allerdings habe ich selten dreijährige Kinder ohne ähnliche Abhängigkeiten gesehen: z.B. Haarekraulen vor dem Einschlafen, Angst, irgendwo allein zu bleiben, Klammern an Kissen und Kuscheltiere u.ä.

Dauerhafte, der Persönlichkeitsentwicklung schadende Abhängigkeit entsteht nicht durch körperliche Zuwendung, sondern durch Mangel an Anregungen und Vorenthalten von Entwicklungsmöglichkeiten.

Das gilt auch für die Mutter.

## Drei Jahre – und kein bißchen sauber

Was in anderen Ländern undenkbar ist, kommt bei uns vor: Dreijährige mit Windeln. Das hat sicherlich seine Gründe. Es nützt aber wenig, jetzt, da das Kind schon drei ist, darüber nachzugrübeln oder Fehler aufzurechnen.

Es sind fast ausschließlich Jungen, die keinerlei Bedürfnis zeigen, auf den Topf zu gehen. Ich kann allen Eltern nur raten, gelassen zu bleiben: Woran sich Kinder drei Jahre lang gewöhnt haben, das läßt sich nicht plötzlich abstellen, schon gar nicht in einer Phase, in der die Kinder ihren eigenen Willen als Macht entdecken. Warten Sie also den Tag ab, an dem das Kind von sich aus die Windeln ablegt – er kommt ganz sicher. Je weniger Sie darauf drängen, desto eher und endgültiger.

Klar, daß die Sommermonate besonders geeignet sind für solche Prozesse: Die eigene Nacktheit wird lustvoll erlebt, es läuft sich frei und leicht; das Kind erlebt, wie das Pipi rauskommt und wo die Kacke. Wenn die Tage kühler werden und man das Kind wieder anzieht, kann man die Windel einfach weglassen, was für die Kinder eine Wohltat ist. Jetzt werden sie wahrscheinlich entdecken, wie es sich mit nasser und voller Hose läuft, – eine wichtige Erfahrung. Es empfiehlt sich, mehrere einfache Woll- oder

Trainingshosen mit Gummizug (ohne Träger) anzuschaffen, die das Kind selber hoch- und runterziehen kann und die sich leicht waschen lassen. Reine Wollhosen haben den Vorteil, daß man sie vollgepinkelt einfach nur zu trocknen braucht, ohne daß sie riechen. So ausgerüstet und mit einem Wischlappen in Reichweite kann man den nächsten Wochen gelassen ins Auge sehen.

Nächtliches Trockenwerden ist ebenfalls nur ein Problem elterlicher Gelassenheit. Wir jedenfalls fanden alle »Methoden« zu drastisch oder brutal, um sie anzuwenden: Die einen reduzieren oder verbieten abendliches Trinken, andere wecken ihre Kinder nachts, um sie aufs Klo zu tragen, andere verpassen den Kindern lange eine Windel. Windeln sind aber gerade zum Schlafen unbequem; sie verunmöglichen auch, zum Einschlafen noch an Möse oder Pimmel rumzuspielen.

Übrigens ist das nächtliche Einnässen von Kind zu Kind verschieden. Während unser älterer Sohn schon vor seinem dritten Geburtstag keine Windeln mehr trug, näßte er nachts noch bis zu 5 Jahren gelegentlich ein, was wir als selbstverständlich empfanden. Sein jüngerer Bruder dagegen trug Windeln bis zum 3. Geburtstag, war aber nachts schon »von Natur aus« trocken und wollte auch keine Windel.

Für Kinder, die nachts regelmäßig einnässen – und das wird bei vielen zwischen 3 und 4 Jahren der Fall sein –, kann ich nur ein Schaffell empfehlen. Die Matratze wird mit einer Gummimatte (oder aufgeschnittenen Plastiktüte) bedeckt, darüber kommt das Fell, dann das Laken. (Oder, wenn das Kind das Fell direkt mag, erst das Laken und dann das Fell). Das Fell verhindert, daß das Kind im Nassen friert und schont gleichzeitig die Matratze. Man muß es morgens nur über die Leine oder über die Heizung legen, – es riecht nicht und verliert kaum an Schönheit. So ein Fell kostet zwischen 30 und 100 DM und ist unverwüstlich. Wenn man es im Bett nicht mehr braucht, gibt es viele Möglichkeiten, es zum Spielen oder als Unterlage zu verwenden.

Mir ist aufgefallen, daß wir Eltern eine geradezu erschreckend unüberlegte Einstellung zu Schmutz und Ekel haben: Körperausscheidungen, Fäulnis und alle möglichen Tiere ekeln uns eher als die Gifte, an deren täglichen Gebrauch wir uns gewöhnt haben: Wasch- und Spülmittel, Scheuerpulver und WC-Reiniger. Dabei ist ein fataler Irrtum, anzunehmen, daß alles, was gut riecht, auch der Gesundheit dient. Zu viele Frauen haben sich mit »Intim-Sprays« die Scheiden-Flora zerstört – und damit die Lust am Geschlechtsverkehr. Hautkrebs ist durch die Verwendung von Weichspülern und bestimmten Waschpulvern aufgetreten, und Kinder bekommen Ausschlag von parfümierten Windeln. Das ständige Waschen führt dazu, daß wir anfälliger gegen Krankheiten werden. Sogar bei Frühgeburten ist inzwischen festgestellt worden, daß sie große Überlebenschancen haben, wenn sie möglichst viel Hautkontakt haben, anstatt hygienisch einsam im Brutkasten zu vegetieren.

Das perverseste Beispiel solcher »Fortschrittsgläubigkeit« las ich kürzlich in der Zeitung: Ein Bauer wollte seinen Kuhstall fliegenfrei bekommen und benutzte freizügig Insektenspray: 6 Kühe starben – was man fast als Glück bezeichnen muß. Hätten sie nämlich überlebt, hätte er fleißig weitergesprüht und seine Giftmilch auf den Markt gebracht. Menschen sterben ja nicht sofort daran!

Kleinere Tiere reagieren da schon empfindlicher. Beim Kauf eines Goldhamsters wird empfohlen, ihn keinesfalls mit Kopfsalat zu füttern: der ist so stark gespritzt, daß Hamster davon eingehen. Menschen nicht.

Ich selber muß gestehen, daß ich mir – schon vor grundsätzlichen Gedanken zur Ökologie (was bedeutet, das wir Menschen und die uns umgebende Welt in Systemen geordnet sind, daß überall kreisläufige Zusammenhänge bestehen, deren Unterbrechung Folgen hat) – weder vor jedem Essen noch nach jedem Gang zur Toilette die Hände gewaschen habe. Deshalb verlangen wir das auch nicht von unseren Kindern.

Wir waschen uns die Hände, wenn wir es selber als notwendig empfinden, und greifen bei unseren Kindern nur ein, wenn sie Giftiges angefaßt haben oder wirklich kleben. Ich bin der Überzeugung, daß Kinder nur so ein ausgeglichenes Verhältnis zu Schmutz und Sauberkeit erlangen können, d.h. Sauberkeit als lustvoll empfinden und Schmutz nicht als eklig erleben.

Wenn Sie selber da Zweifel haben, dann sprechen Sie die auch aus, anstatt einfach den Befehl zu erteilen: Wasch dir die Hände! »Ich fürchte, in den Sandkasten haben Hunde gepinkelt. Deshalb würde ich mir die Hände waschen.«

Wichtig ist, die Körperpflege zum Feld des Selbständigwerdens zu machen: Das Waschbecken muß erreichbar sein (indem man ein Podest oder einen Stuhl davorstellt), jedes Kind sollte einen Spiegel haben, eigene Creme, ein Handtuch, Kamm oder Bürste, Zahnbürste und Becher, – alles so angebracht, daß die selbständige Benutzung geradezu herausgefordert wird.

## Zahnpflege und gesunde Ernährung

Zahnärzte gehören in der BRD zur bestverdienenden Berufsgruppe. Vermutlich deshalb ist das Interesse an Vorsorge denkbar gering. Zweifellos sollten sich dreijährige Kinder regelmäßig die Zähne putzen – also nach jeder Mahlzeit. Das ist aber leichter gesagt als getan.

Es gibt dafür unabdingbare Voraussetzungen: eine gute, stets erreichbare Zahnbürste und Zahnpasta – und das Beispiel der Eltern! Bei Zahnbürste und Zahnpasta kommt es wohl sehr auf die Wahl an; es sollen Artikel auf dem Markt sein, die den Zähnen mehr schaden als nutzen. Man erkundigt sich am besten bei örtlichen Verbraucherzentralen oder beim Zahnarzt. Druck und Zwang ist auch beim Zähneputzen fehl am Platz. Wirksam ist das gemeinsame und selbstverständliche Tun – wenn auch nicht immer.

Zahnpflege ist ein wichtiges Thema für die Elternversammlung im Kindergarten, denn die Art, wie in einigen Einrichtungen mit Süßigkeiten als Beruhigungsmittel umgegangen wird, kann einen schon erschrecken. Das gemeinsame Zähneputzen im Kindergarten nach den Mahlzeiten würde sicherlich mehr bewirken als das, was Eltern allein erreichen können.

Wichtiger als das Zähneputzen ist allerdings die Ernährung. Es ist nachgewiesen, daß Zähne hauptsächlich von innen zerstört werden, durch Zucker und ausgemahlenes Mehl. Inzwischen wurde bekannt, daß in den Außenschichten des Korns hierzulande sehr viele Schwermetalle lagern und eine ausschließliche Vollkornernährung wahrscheinlich auch nicht gerade gesund ist.

Ein praktikabler und erfolgreicher Weg scheint uns die Verbannung von Zucker und möglichst abwechslungsreiches Essen zu sein. Bei Überlegungen, wie die Familie gesund zu ernähren ist, wo doch gerade Vorschulkinder auf ungesunde Dinge wie Ketchup und Lutscher »abfahren«, ist ein einfaches Rezept sehr nützlich: man hat diese Dinge nicht im Haus, – was natürlich voraussetzt, daß auch die Eltern keine geheimen Naschplätze oder Pralinenkästen haben! Was Kinder von Freunden oder Verwandten bekommen oder sich später selber kaufen, ist gerade noch reichlich genug. Nach meinen Erfahrungen haben sich Prophezeiungen nicht bestätigt, nach denen Kinder, die auf diesem Gebiet »knapp« gehalten werden, eine besondere Gier entwickeln. Im Gegenteil, die Tatsache, daß wir uns zuckerarm ernähren und ab und zu über Gesundes und Ungesundes reden, hat bewirkt, daß unsere Kinder z.B. Lutscher von sich aus ablehnen und, wenn ihnen Süßigkeiten angeboten werden, durchaus mäßig zulangen.

Wichtig ist, daß die Kinder ein umfangreiches Alternativangebot haben: Der Obstkorb steht bei uns sehr niedrig und stets zur freien Verfügung. Zurechtgeschnittenes Obst, mit Spießchen versehen, um es besonders attraktiv zu machen, wird täglich angeboten. Rosinen und Nüsse sind immer greifbar. Für besondere Anlässe gibt es einen Ort, an dem Vollkornkekse, Fruchtschnitten und Bonbons ohne Zucker (aus Alternativläden oder Reformhäusern) aufbewahrt werden. Sehr begehrt sind auch Vollkornbrezeln und Chips aus Vollkorn. Kaugummi ohne Zucker (darunter gibt es mineralhaltige Sorten, die gleichzeitig die Zähne reinigen) und Eis (das verglichen mit Schokolade oder Bonbons wenig Zucker enthält) sind im Sommer kein Tabu. Kinder, die eine ausgesprochene Sucht nach Süßem haben, leiden ganz sicher an Mineralien- oder Vitaminmangel, wenn das Angebot von Müsli und Vitamin-B-haltigen Speisen nicht hilft, sollte man auf jeden Fall einen ggf. anthroposophisch ausgerichteten Arzt oder Heilpraktiker um Rat fragen.

Unser ältester Sohn hat sehr gute Zähne, unser jüngster sehr schlechte. Wir sind aber sicher, daß er ohne unsere Maßnahmen einige Zähne schon gar nicht mehr hätte.

Weißen Zucker benutzen wir fast gar nicht mehr, braunen in Maßen – dafür viel Honig und Knäcke-Vollkornbrot, das die Kinder besonders lieben. Statt fertigem Kakaopulver, das zu großen Teilen aus Zucker besteht, benutzen wir das zuckerärmere Ovomaltine. Pure Milch wäre sicherlich noch besser. Bei Fruchtsäften achten wir auf die Zuckerzusätze, die auf jeder Verpackung ausgewiesen sein müssen. Wenn man erstmal danach sucht, stellt man fest, daß es in fast allen Supermärkten zuckerfreien Saft gibt, den man noch mit Selter mischen kann.

Wichtig in der ganzen Gesundheitsfrage scheint mir zu sein, statt Dogmatismus Problembewußtsein zu verbreiten und sich bei allen Fragen den Humor zu bewahren. So kaufen Sie Ihren Kindern besser ein Eis mehr, als durch drastische Verbote Lügner heranzuziehen, die sich Süßes erbetteln und heimlich verspeisen. Was in Ihrem Haushalt gegessen wird, bestimmen zweifellos Sie. Was Ihr Kind aber tatsächlich ißt, kann es im Vorschulalter bis zu einem gewissen Grad selbst entscheiden.

---

Anregungen für zuckerarme und vollkornhaltige Ernährung gibt es umsonst in Reformhauszeitschriften. Außerdem kann ich empfehlen:
Horst Speichert, Süße Sachen
rororo 7481 DM 6,80

Meine Familie und ich
Sonderheft 2/84
Natürlich kochen und backen
DM 4,50

---

## Essen und Trinken

Essen und Trinken im Überfluß gehört bei uns zum Alltag. Während in Ländern der 3. Welt die Sorge um die Nahrung, ihre Herstellung und Zubereitung einen großen Teil des Tages einnehmen, sind diese Vorgänge bei uns auf wenige Stunden beschränkt. Dennoch beschäftigen sich Eltern oft mit Eßproblemen und Tischgewohnheiten ihrer Kinder. Ich erschrak nicht schlecht, als ich kürzlich las, daß Kindesmißhandlungen häufig in Zusammenhang mit Nahrungsaufnahme und Eßgewohnheiten stehen.[33] Nach meinen Erfahrungen treten häufig folgende Probleme auf:

*1. Die Kinder essen – nach Meinung der Eltern – zu wenig und mögen nichts Gesundes.*

Sieht man einmal von wenigen Kindern mit psychotischen Erkrankungen ab, kommt es hierzulande schlichtweg nicht vor, daß Kinder verhungern. Einige Kinder sind dünn, was aber fast immer mit stabiler Gesundheit und Zähigkeit einhergeht. Viele Kinder sind falsch ernährt – aber nicht, weil sie zu wenig essen, sondern weil ihnen Falsches oder gar nichts angeboten wird. Wenn Sie ein gesundes und abwechslungsreiches Essen bereitstellen, brauchen Sie sich um die Ernährung Ihres Kindes wirklich keinerlei Gedanken zu machen. Es nimmt sich, was es braucht. Je mehr sie es beim Essen bedrängen und anflehen, desto verhaßter wird ihm der ganze Vorgang. Ich finde es wirklich absurd, wieviel Theater manche Eltern um das Essen machen – da kann es ja gar kein natürlicher Vorgang sein.

## 2. Die Kinder essen zu viel und sind zu dick.

Dicksein wird im Vorschulalter zum besonderen Problem, denn andere Kinder, gleichaltrige Freunde, die Spielkameraden im Kindergarten können jetzt ihre Beobachtungen schon deutlich aussprechen, fangen vielleicht an, das dicke Kind zu hänseln und denken sich Spitznamen aus. Außerdem wird es im Vorschulalter sowieso mehr auffallen als vorher, weil jetzt ein gewisses Maß an Körperbeherrschung, einfache Turnübungen und Kondition für normal gehalten werden.

Die Ursachen für das Dicksein liegen fast immer im Säuglingsalter, wobei zu dicke Säuglinge fast immer Flaschenkinder sind. Ganz abgesehen davon, daß man mit einem wirklich zu dicken Kind zum Arzt gehen muß, lohnt es sich schon, die elterlichen Gewohnheiten kritisch zu überprüfen: Wurde »gutes Essen« mit viel Aufmerksamkeit und Zuwendung bedacht, das Kind aber sonst eher vernachlässigt? Wurde das Kind häufig mit Süßigkeiten belohnt und getröstet? Stopfte es oft »so nebenbei« Knabbereien und Naschzeug in sich rein, um Langeweile, Aufregung und Einsamkeit zu überbrücken?

Wie bei Erwachsenen so ist auch bei dicken Kindern selten eine Krankheit die Ursache des Dickseins, sondern das Seelenleben. Dies wird in dem Buch »Hanno malt sich einen Drachen«

von Irina Korschunow einfühlsam und verständlich beschrieben. Um aber die Gründe des psychischen, meist verborgenen Leids oder Problems wirklich zu finden, brauchen Eltern die Hilfe erfahrener Ärzte oder Psychologen.

Ziel müßte es sein, zum Essen wieder das Verhältnis zu bekommen, das seiner Funktion entspricht: den Körper gesund und lebensfähig zu erhalten.

*3. Die Kinder machen allerlei Experimente mit dem Essen und bekleckern dann noch den Tisch.*

Wer zu solchen Erkundungen aufgelegt ist, hat offensichtlich schon genug gegessen und ist satt. Ich finde es richtig, daß die Kinder dann schleunigst aufstehen und die Erwachsenen in Ruhe lassen. Später, wenn sie das gemeinsame Beisammensein nach dem Essen und die Gespräche interessant genug finden, bleiben sie schon von selber sitzen.

Für den Fall, daß die Kinder jetzt in der Küche »herumlungern« und nichts mit sich anzufangen wissen, sollten Sie dort einige interessante Dinge bereitstellen, mit denen sie sich nach dem Essen beschäftigen können, z.B. Magnetformen, -buchstaben oder -zahlen, die am Kühlschrank haften, Siebe und Trichter für Wasserspiele an der Spüle, Erbsen und Löffel zum Umfüllen, eine Garnitur Quirle, Holzlöffel etc.

Eine elterliche Unsitte ist es, von den Kindern das Leeressen des Tellers zu verlangen. Dabei kann einem wirklich der Appetit vergehen – und nicht nur für diese Mahlzeit! Wichtig ist nur, daß Ihr Kind lernt, sich soviel aufzutun, wie es wirklich essen möchte, – und lieber weniger als mehr.

Denken Sie mal darüber nach: Die meisten Probleme mit dem Essen entstehen dadurch, daß wir im Überfluß leben. Vielleicht sollten Sie einfach weniger einkaufen.

## 4. Tischsitten

Die meisten Kinder lernen das im Kindergarten ohnehin, – aber bestimmte Tischsitten, die sich aus gegenseitiger Rücksichtnahme ergeben, sollten Vorschulkinder schon beachten.

Bestimmte Geräusche – z.B. Schmatzen, Gurgeln, Fußscharren, Löffelkonzerte – stören andere, und die Familie sollte sich einigen, was vermieden werden soll.

Bei begehrten Speisen muß gerecht geteilt werden – genauso bei Getränken.

Freundlicher Umgangston, bitte und danke, sollen keine Dressurakte, aber klar definierte Ziele sein.

## Sexualität

Mir widerstrebt es, überhaupt einen Extraabschnitt so zu überschreiben, denn das, was Erwachsene Sexualität nennen, gehört so untrennbar zum Leben der Kinder, daß man eigentlich nur raten kann: Machen Sie nichts Besonderes daraus!

Vorschulkinder interessieren sich sehr für Geschlechtsteile, denn in der Regel sehen sie diese seltener als Gesicht oder Hände. Also treiben sie ihre Studien, beobachten, befühlen, stellen Fragen. Als Erwachsener hat man nun die Aufgabe, diese Fragen so gut es geht zu beantworten, sich zur Verfügung zu halten, wenn man gebraucht wird: als Demonstrationsobjekt oder um Unklares zu klären. Ich glaube, es ist wichtig, keine großen Vorträge zu halten, nicht zu dozieren, sondern dem Kind das zu erklären, was es interessiert. Viele Erwachsene sind sich Kindern gegenüber unsicher, »wie weit« sie gehen dürfen, haben Angst, das Kind könnte sie in eine inzestuöse Situation bringen. Wenn man seinen Kindern angstfrei begegnet, entsteht diese Situation nicht.

Schmusen ist nur schön, wenn es beiden Spaß macht, – Angst verhindert den Spaß. Wenn der Erwachsene wirklich Angst hat, dann soll er das auch ausdrücken. Tatsächlich glaube ich aber, daß es mehr im Kopf als in der Realität zu solchen Situationen kommt, weil Kinder ein sehr feines Gespür dafür haben, was für Erwachsene möglich und unmöglich ist.

Erlaubt ist, was gefällt: dem Kind und den Eltern.

Erwachsene sind für Kinder auch sexuelles Vorbild: Zärtlichkeiten entgehen Kinderaugen genauso wenig wie grobe Handgriffe oder geschlechtsspezifische Verhaltensweisen. Unsere Kinder beobachten uns sehr genau, – und sie sind in ihren Wahrnehmungen ungeheuer sensibel. Sie erleben, daß sich Sexualität längst nicht auf das beschränkt, was Babys entstehen läßt. Ein Vorgang, über den unser fünfjähriger Sohn mit der gleichen Selbstverständlichkeit redet wie über das Reifen der Erdbeeren. Ich beneide ihn darum. Genauso wichtig wie erwachsene Partner sind andere Kinder. Sie beobachten und untersuchen ihre Pos und Geschlechtsteile, erproben Zärtlichkeiten und Körperfunktionen.

Es gab eine Zeit, in der es mein vierjähriger Sohn liebte, sich gemeinsam mit einer Freundin gegenseitig die frischen Windeln seines kleinen Bruders umzulegen. Kurz, sie wickelten sich, zärtlich und hinter verschlossener Tür. Offenbar trauerte er die-

sem zärtlichen Akt aus Babytagen nach und fand mit der Freundin einen angemessenen Weg, sich zurückzuversetzen und doch groß zu sein.

Solche und ähnliche »Doktorspiele« mit anderen Kindern sind deshalb so wichtig, weil sie unsere Kinder in so entscheidenden Bereichen wie Zärtlichkeit und Zuneigung unabhängiger von uns machen – und freier.

Und Ihre Aufgaben als Erziehungsberechtigte?

Kleiden Sie Ihre Kinder so, daß sie sich jederzeit leicht ausziehen können. Prüfen Sie die Temperatur des Badewassers, kaufen Sie neue Seife und Creme, wenn es nötig ist, und lassen Sie die Kinder gewähren. Sie leben.

## Sport

Das Turngerüst im Kinderzimmer reicht für Vorschulkinder nicht mehr aus. Sie haben alle einen starken Bewegungsdrang und eine ungeheure Freude, ihre Geschicklichkeit, Kraft und Körperbeherrschung zu erproben. So wird es Ihre nicht immer leichte Aufgabe, ranzuschaffen: Roller, Fahrrad (ohne Stützräder und so klein, daß die Füße den Boden sicher berühren können), Rollschuhe. Das sind ideale Fahrzeuge, weil sie verschiedene Geschicklichkeiten erfordern, während Tretautos, Dreiräder und cat-cars wenig sportliche Leistung verlangen. Gebraucht gekauft (Kleinanzeigen) und ggf. mit Farbe aufpoliert müssen sie nicht teuer sein. Der Sperrmüll gibt auch einiges her!

Wenn die Rollschuhe unbenutzt herumstehen, dann tun sie es eben. Nie darf man Kinder drängen. Eines Tages kommt die große Lust. Das Lob der Erwachsenen wiegt dann gar nichts gegen die Freude, selber etwas erlernt zu haben, diese Freude über sich selbst.

Ich werde nie vergessen, wie mein ältester Sohn strahlte, als er sich an einem Nachmittag im Hinterhof das Radfahren selbst beigebracht hatte. Er war 4 1/2 Jahre alt, verschwitzt und rot vor Anstrengung. Alle seine Freunde hatten das Radfahren schon vor einem Jahr gelernt, was dazu führte, daß er sein Fahrrad resigniert in der Ecke stehen ließ. Bis zu jenem Nachmittag. Ohne unser Zutun.

Für mich war das ein Schlüsselerlebnis für die Art, wie Kinder lernen: selbstbestimmt und frei und mit einer Ausdauer, die viele Erwachsene nicht mehr besitzen.

Ich finde es deshalb richtig und wichtig, Kindern sehr viele Möglichkeiten und Gelegenheiten zu bieten: eigene Geräte, den Turnverein, Schwimmunterricht, abwechslungsreiche Natur: Berge, Seen, Wald – und sehr viel vorzumachen. Vorzumachen als Angebot, frei von jedem Druck auf das Kind und auf sich selbst: In diesem Jahr müßte es nun aber schwimmen lernen! Muß es gar nicht. Es soll die Erfahrung machen, daß es alles lernen kann, was es lernen will. Das ist sehr viel wichtiger als irgend etwas besonders früh zu können. Die Erfahrung, selbstbestimmt zu lernen und aus sich selbst heraus erfolgreich zu sein, wirkt lebenslänglich.

Genauso ist es mit der Ängstlichkeit. »Nun sei doch nicht so ängstlich!« ist wirklich der dümmste Spruch. Angst muß man ernst nehmen und akzeptieren. Angst ist ganz normal und eine

natürliche Reaktion auf Gefahr. Indem man seine Angst und das Kind selbst ernst nimmt und es anerkennt, hat man ihm schon geholfen.

Eltern sind natürlich auch dazu da, Angst überwinden zu helfen, aber nicht mit Sprüchen und Schock-Therapien. Wenn das Kind in seinem Schrank einen Löwen vermutet, dann sucht man gründlich nach. Wenn es nicht ins Wasser mag, bleibt es eben draußen. Und wenn es sich noch nicht auf die höchste Sprosse der Leiter stellt, dann wird es dafür seine Gründe haben. Wir müssen die Angst des Kindes wirklich akzeptieren und nicht mit dem ärgerlichen Hintergedanken: So ein Schißhase! oberflächlich erlauben: »Du mußt ja nicht!« Das ist sehr schwierig, aber sehr wichtig. Kann man die heimliche Wut auf das ängstliche Kind nicht loswerden, dann ist es besser, darüber zu sprechen, anstatt das eine zu sagen und das andere zu denken und zu fühlen. »Ich ärgere mich und will, daß du dich traust. Aber ich muß deine Angst verstehen!« anstatt: »Du Angsthase!« Meistens genügt es, sich selbst diese Situation im Kopf durchzuspielen und sie dadurch überflüssig zu machen. Kinder haben ein Recht auf Angst.

Und Erwachsene auch. In diesem Fall sind die Kinder dann besonders übermütig. Wenn Ihnen die Sicherheit Ihres Kindes lieb ist, begleiten Sie es nicht mit Angstschreien, panischen Blicken und Verboten. Eigene Erfahrung – gewonnen auf nicht lebensgefährlichem Territorium – ist der einzig mögliche Weg, unsere wilden Kinder vor Gefahr zu schützen. Lieber weggucken, als auf Kinder in einer Art und Weise einreden, die sie darauf trainiert, den Wortschwall an sich abprallen zu lassen!

## Das leidige Ins-Bett-Bringen

Was nervt Sie daran eigentlich so? Daß die Kinder Sie abends noch beanspruchen, wo Sie doch eigentlich Ihre Ruhe haben wollen? Mit einer klaren Entscheidung entspannt sich die Lage vielleicht: Nach dem Abendessen sind Sie bereit, noch vorzulesen. Nach dem Vorlesen gibt es nur noch eins: Schlafen. Sind

Ihre Kinder nach dem Essen noch nicht müde, können sie noch spielen, solange sie wollen. Aber allein. *Sie* lesen nur noch vor.

Manchmal sind Kinder abends »überdreht«, d.h. nach einer Phase der Müdigkeit drehen sie noch mal so richtig auf und können nicht zur Ruhe kommen. Schimpfen ist hiergegen das schlechteste Mittel. Versuchen Sie, die Kinder in die Badewanne zu bekommen, bieten Sie ein ruhiges Spiel an (z.B. ein Brettspiel, bei dem man nicht viel nachdenken muß, ein Angelspiel oder Fingerspiele) oder lesen Sie vor. Auch Musikmachen wäre geeignet, wobei man dann von lauteren und wilden Stücken allmählich zu Schlafliedern übergeht.

Einige Kinder haben die Angewohnheit, nach dem Ins-Bettgehen noch eine Menge Forderungen zu stellen oder wieder aufzustehen, weil ihnen noch was eingefallen ist. Es kann sich dabei nur um Kinder handeln, die nicht richtig müde sind. Deshalb finde ich es besser, wenn die Kinder selber bestimmen, wann sie ins Bett gehen wollen und etwas vorgelesen oder vorgesungen bekommen.

Wenn Schlafen nie als Strafe hingestellt wird, sondern als etwas Schönes und Angenehmes, dann sehnen sich Kinder abends auch nach ihrem gemütlichen Bett. Einzige Ausnahme: Wenn sie völlig übermüdet sind, z.B. weil sie zu lange mit Ihnen unterwegs waren oder erledigt von einem Kindergeburtstag zurückkommen, – dann wälzen sich meine Kinder jedenfalls schlaftrunken auf der Erde und schreien: »Ich will nicht ins Bett.« In diesem Fall sollte man möglichst wenig sprechen oder gar argumentieren, sondern handeln: es lieb in den Arm nehmen, ein Lied singen und einfach ins Bett tragen... Zu Entscheidungen sind diese Kinder nicht mehr fähig.

Zum Schluß noch ein Wort an alle Eiligen: Selber keine Ruhe zu haben und von den Kindern Ruhe zu verlangen, das schließt sich aus. Wenn man es eilig hat, schlafen die Kinder »nie« ein. Wenn man sich auf einen solchen Weg begibt, muß man umkehren. Entweder bringt jemand anders die Kinder in Ruhe ins Bett, oder Sie nehmen sich Zeit.

Wenn es so weit gekommen ist, daß Sie das abendliche Ins-Bett-bringen als Terror empfinden, sollten Sie einen Familienrat halten und Schritte überlegen, wie sie die Situation gemeinsam entspannen können. Vielleicht können Sie sich auf ein gemeinsames Abendprogramm einigen, was ja nicht länger als eine Stunde dauern muß. Vielleicht baden Sie jetzt jeden Abend gemeinsam. Oder Sie entscheiden sich, bei Wind und Wetter noch einmal um den Häuserblock zu gehen und eine Wetterkarte anzulegen. Vielleicht bauen Sie alle gemeinsam ein Schattenspiel-Theater (das kostet so gut wie nichts) und geben abends abwechselnd Vorstellungen, vielleicht basteln Sie Kasperpuppen (aus Pappmaché und Stoffresten) und spielen am Bettrand noch was vor. Vielleicht brauchen Sie ein neues Vorlesebuch. Vielleicht gucken Sie abends gemeinsam Familienbilder an oder Dias von den letzten Ferien. . .

Eine ruhige Stunde am Abend, in der Sie sich alle mal Zeit nehmen, wird Ihnen allen gut tun, – auch in dieser Beziehung können Sie mit Ihren Kindern lernen.

Wahrscheinlich werden jetzt einige denken: Das hört sich ja alles schön an, – aber elitär. Bei uns ist das unmöglich. Ich habe abends eben keine Zeit.

Genauso wie in Gelddingen finde ich hierbei eins wichtig: die Ehrlichkeit. Wenn wirklich keine Zeit da ist, müssen sich die Kinder damit abfinden bzw. offen damit auseinandersetzen. Das ist schade, – aber unvermeidlich.

Schlimm ist, sich in einem Teufelskreis aus Nervosität und Überanstrengung nur noch anzuschreien, ohne die Gründe dafür zu kennen. So kommt keiner zur Ruhe. Dann lieber für eine Viertelstunde auf dem Klo einschließen, neue Kräfte sammeln und ehrlich erklären: »Ich kann nicht mehr.«

## Kann man Vorschulkinder allein lassen?

Im Vorschulalter kann man Kinder allmählich daran gewöhnen, allein zu bleiben – tagsüber und auch nachts für wenige Stunden. Alleinsein muß geübt werden wie das Anziehen von Schuhen. Oder haben Sie Ihrem Kind die einfach vorgeknallt und gesagt: »Sieh' zu, wie du klarkommst!«

Klar gibt es Familien, vor allem alleinstehende Väter und Mütter, die ihr Kind einfach allein lassen müssen. Die Kinder wissen das, und eine Diskussion darüber ist zwecklos. In den meisten Familien gibt es aber Möglichkeiten, das Alleinsein zu üben, und sie nicht zu nutzen, ist genauso unverantwortlich, wie lesen von jemand zu verlangen, der noch nie einen Buchstaben gesehen hat. Wenn man z.B. eine nette Nachbarin hat, muß das Kind üben, mit ihr Kontakt aufzunehmen, bevor man von ihm verlangen kann: »Wenn du nachts aufwachst und wir sind nicht da und du mußt weinen, dann gehst du einfach zu Frau B.« Das setzt nämlich voraus, daß sich das Kind getraut haben muß, Frau B. mal ein Stück Kuchen zu bringen oder ihr zu erzählen, wie komisch die Affen im Zoo waren.

Der Zeitpunkt, zu dem das Kind solche Fähigkeiten erlangt, wird individuell verschieden sein.

Wenn das Kind Zahlen kennt und Ziffern unterscheiden kann, darf es telefonieren. Bevor man aber erwarten kann, bei Angst nachts angerufen zu werden, indem man die Telefonnummer, unter der man zu erreichen ist, groß neben das Telefon legt, muß das Kind die Erfahrung gemacht haben, selber mit seinen Freunden telefonieren zu können. Denn Unabhängigkeit entsteht aus Freude über die eigenen Fähigkeiten, nicht durch die möglichst frühe, erzwungene Beherrschung der Fähigkeiten, die man von einem Kind erwartet. Ein guter Weg ist, mit dem Kind bestimmte Möglichkeiten zu besprechen: »Du kannst jetzt so prima telefonieren. Wie wäre es, wenn wir heute Abend mal zu XY gehen. Du kannst uns dann, wenn du willst, da anrufen.« Voraussetzung für solche Vorschläge ist, daß das Kind darüber dann tatsächlich entscheiden kann, – mit Scheinargumenten und Tricks machen sich Eltern unglaubwürdig.

»Ich muß jetzt einen ziemlich großen Einkauf machen. Wie wäre es, wenn du hier weiterspielst?«

Ich kenne Eltern, die ihre Kinder prinzipiell und schon als Babys allein lassen. Umgekehrt kommt der von mir sehr geschätzte »Arbeitskreis Neue Erziehung e.V.« zu der Ansicht, daß es »immer noch ein zu großes Risiko ist, das Kind allein zu lassen«[34] Ich finde beide Ansichten *nicht* richtig. Unbeholfene

Kinder allein zu lassen, ist gefährlich und verantwortungslos. Und die im zweiten Fall gescheuten Risiken lassen sich durch Einüben bestimmter Fähigkeiten auf ein normales, alltägliches Maß beschränken.

Wenn ein Kind telefonieren kann und Nachbarn erreichbar sind, wenn es weiß, daß es die Haustür auch beim Kingeln nicht öffnen darf, sie im Prinzip aber öffnen kann (denn das Kind muß die Wohnung ja jederzeit verlassen können), dann ist das Risiko nicht größer als z.B. im Straßenverkehr.

Angst vor »Dummheiten«, die Kinder in Abwesenheit der Eltern machen könnten, brauchen diese nur zu haben, wenn es für das Kind einige Verbote gibt, die es besonders »scharf« machen. Kinder, die in Anwesenheit der Eltern mit Streichhölzern spielen können und mit Feuer Erfahrungen gemacht haben, setzen die Wohnung nicht in Brand.

Bei uns hat es sehr lange gedauert, aber jetzt ist es soweit: Unsere Kinder schlafen nachts in der Regel durch, lassen sich problemlos von anderen ins Bett bringen und werden von uns auch – stundenweise – schlafend alleingelassen. (Was selten vorkommen muß, weil wir in einer Wohngemeinschaft leben.) Sie schlafen zusammen in einem Zimmer, haben jeder eine kleine Lampe am Bett, die sie liegend anknipsen können und trösten sich ggf. gegenseitig. Bis jetzt hatten wir noch nie Probleme in dieser Frage, – aber es hat eben lange gedauert!

Und während ich dies schreibe, beschließt mein ältester Sohn – 8 Wochen vor seinem 6. Geburtstag –, mit seinem Freund über die Straße in den nahegelegenen Park zu fahren – auf dem Fahrrad. Ab morgen kann er einen Wohnungsschlüssel bekommen.

# Wohnen mit Vorschulkindern – Vorschläge für eine gemeinsame Wohnkultur

Während Kleinkinder noch in hohem Maße von uns abhängig sind und sich da aufhalten wollen, wo wir selber gerade sind, werden Vorschulkinder immer selbständiger und beanspruchen gern Raum, in dem sie ungestört arbeiten, spielen und träumen können. Das muß kein eigenes Zimmer sein, – aber ein fester Platz.

Vielleicht können Sie in Ihrem Flur den »Hängeboden« freiräumen oder eine Hochetage einziehen, die über eine Strickleiter zu erreichen ist. Wenn Sie noch Licht hinauflegen und ein paar ausrangierte Matratzen und Kissen zum Kuscheln bereitstellen, hat Ihr Kind eine gemütliche Ecke, wo es sich Bilderbücher angucken oder ungestört von kleinen Geschwistern mit der Puppenstube spielen kann.

Oder Sie können z.B. irgendwo ein Zelt aufschlagen oder ein Gestell bauen, das man mit Tüchern, die mit Schleifen oder Haken befestigt werden können, zu einem Spielhaus verändern kann. (Gleichzeitig können Kinder daran lernen, Schleifen zu binden, Knöpfe und Druckknöpfe zu öffnen und zu schließen).

Mindestens aber braucht Ihr Kind einen Tisch, der so groß ist, daß zwei Platz daran haben, zum Malen, Basteln, Kneten und Ausschneiden. Vielleicht wollen Sie schon einen Schreibtisch kaufen (z.B. gebraucht, per Kleinanzeige); sehr geeignet sind auch ausrangierte Schultische (Grundschulen anrufen) oder stabile Couchtische, die es oft als Einzelstücke billiger gibt. Ideal ist auch ein alter, stabiler Tisch vom Trödler, auf kindgerechte Höhe abgesägt. Es ist nämlich wichtig, daß so ein Tisch Arbeitsspuren bekommen darf, Ratscher, Kratzer und Flecken: wo gehobelt wird, da fallen Späne.

Sollten Sie den Fehler gemacht haben, das Zimmer, in dem Ihr Kind seinen Arbeitsplatz hat, mit empfindlichem Teppichboden ausgelegt zu haben, so ist das ziemlich unverzeihlich. Denn nichts tötet Kreativität und Arbeitswillen mehr ab als Ermahnungen wie: Paß auf das Tuschwasser auf! Tropf nicht! Vorsicht mit dem Klebstoff! Eine Möglichkeit, den Fehler zu korrigieren, wäre, einen waschbaren Flickenteppich oder eine stabile Wachstuchdecke auf den »guten« Boden zu legen, groß genug, daß Tisch und Stühle draufpassen.

Die Kinder müssen am Tisch gerade sitzen können: also entweder passende Kinderstühle besorgen oder Drehstühle, die bis ins Schulalter mitwachsen.

Wichtig sind auch eigene Schubladen oder ein Schrank, in den Ihr Kind seine Geheimnisse, Hefte, Prospekte, alte Ausweise, Stifte u.ä. einsortieren kann. Helfen Sie ihm gern beim Einräumen und erläutern Sie dabei einleuchtende Ordnungskriterien: das größte Heft nach unten, dann sieht man die kleineren noch; alle Stifte in ein Glas etc., lassen Sie aber sonst die Finger von dem Schrank, damit Ihr Kind erfährt, daß es die Verantwortung für bestimmte Bereiche hat.

## Das ewige Aufräumen

Wenn im Kinderzimmer ständig Chaos herrscht, sollten Sie jetzt gemeinsam Ordnungskriterien entwickeln. Kinder brauchen Ordnung, um einen Überblick zu behalten (was auch ein notwendiges Gefühl von Macht verleiht). Sie erleben den Sinn von Ordnung in ihrer Umgebung: auf dem Parkplatz, im Supermarkt, im Garten, bei Handwerkern und Arbeitern (Geräteschuppen, Werkstatt), auf dem Bauernhof. Ordnung hat nichts mit Staubwedelmentalität und Waschzwang zu tun. Sie ist *sinnvoll*.

Überlegen Sie also gemeinsam, wohin Puppen und Kuscheltiere gehören: in die Nähe des Bettes, auf Matratzen oder die Kuschelhochetage. Zeigen Sie Ihrem Kind, wie man Stifte sinnvoll aufbewahrt: in einem Schuhkarton, gemeinsam mit Anspitzer und Radiergummi, oder in der Schreibtischschublade. Sortieren Sie Bausteine so, daß man wirklich damit bauen kann, und denken Sie sich Möglichkeiten aus, auch »Fitzelkram« so zu ordnen, daß er auffindbar bleibt (z.B. in durchsichtigen Plastikkästen, in an die Wand gehängten Setzkästen oder in alten Schubladen, die sich mit Holzleisten in ein Miniregal verwandeln lassen), das man aufhängen kann.

Kann Ihr Kind wirklich alle Spielsachen selber erreichen? Dann kann es auch allein aufräumen. Natürlich wird das nicht immer problemlos vor sich gehen, wichtig ist aber, daß Ihr Kind das Aufräumen als sinnvoll und lustvoll (also niemals Strafe!) erleben kann. Z.B. so: »Kannst Du mir mal helfen, eine Stadt zu bauen?« »Ja – gern. Ach, du Schreck, da liegt ja noch das ganze Puppengeschirr. Räum das mal schnell ein. Wenn Du Platz geschaffen hast, helfe ich Dir gleich!«

Es ist schlecht, vor dem Schlafengehen aufzuräumen, wenn die Kinder müde sind. Es ist schlecht, um jeden Preis aufzuräumen: Wenn die Stadt nicht wirklich im Weg ist, kann sie auch bis morgen stehenbleiben. Es ist schlecht, kleinere Geschwister, die sich am Chaos beteiligt haben, vom Aufräumen auszuschließen.

Es macht Spaß, beim Aufräumen elektrische Geräte einzusetzen: z.B. den Staubsauger für Schnipsel und Krümel. Es macht Spaß, beim Aufräumen zu spielen: z.B. Zoowärter, der die Tiere in ihren Schlafstall holt, Baggerführer, der die Steine in den Container schaufelt, Krankenschwester, die die Puppen zurück in die Betten bringt, Lagerleiter, der für Ordnung in den Regalen sorgt.

Mein Sohn half mir mal einen ganzen Tag lang begeistert im Haushalt und natürlich beim Aufräumen, weil ich die Königin sein sollte und er mein Diener. Diese verrückte Idee kam wirklich nicht von mir!

Scheuen Sie sich nicht, Ihre Wut und Freude offen zu zeigen: »Ich bin wirklich stinksauer, weil ich eben auf einen Wachsstift getreten bin. Jetzt ist er kaputt, und der Boden hat einen Fleck!« »Das Buch von den Haustieren habe ich eben überhaupt nicht suchen müssen – Du hast es sehr gut weggeräumt. Ich lese es Dir jetzt vor.«

Hin und wieder werden Sie gemeinsam mit Ihrem Kind den Bestand an Spielsachen überprüfen müssen: Dinge, die kaputt oder überholt (Kleinkindspielzeug) sind, werden repariert oder aussortiert, anderes muß ergänzt werden (neue Farbnäpfe für den Tuschkasten, mehr Legosteine, weil die Tochter jetzt wirklich ganz toll damit baut). Alte Wandbilder werden auf Wunsch durch neue ersetzt, die Kleinkindbilder abgehängt und durch neue Zeichnungen und Klebearbeiten ersetzt.

Fertigen Sie sich ab und zu eine Liste der Dinge an, die Sie anschaffen wollen. Überlegen Sie dann gemeinsam: Trödelmarkt? Anruf bei Bekannten oder bei Oma? Wunschzettel für Weihnachten? Spielzeugtausch mit anderen Familien? An einem Regentag gemeinsam einkaufen gehen?

Was braucht ein Vorschulkind noch? Spiegelfliesen an der Wand oder einen großen Spiegel, in dem es sich nackend oder mit seiner selbst zusammengestellten Kleidung, verkleidet und geschminkt angucken kann, sein Zähneputzen und Haarekämmen kontrollieren kann. Mit einem Spezialschreiber (Folienstift) können Sie an diesem Spiegel sein Wachsen mit Markierungen festhalten und ihm so sein Größerwerden verdeutlichen.

Schön wäre auch eine Tafel (Holz mit Tafellack bestreichen) und eine Magnettafel (Metallblech an der Wand anschrauben und streichen) mit Buchstaben, Zahlen und Symbolen (Kreis, Quadrat, Rechteck etc.)

Sehr schön wäre eine Rumpelkammer (Keller oder Boden) oder wenigstens ein Regal, in das »Abfälle« kommen, die zum Basteln ständig gebraucht werden: leere Schachteln, Packpapier, Kartons, Tee- und Kaffeedosen, leere Joghurtbecher, Obstkisten und Schälchen, Schraubgläser aller Art, abgebrannte Streichhölzer, Kerzenreste, Stoffreste, Garnrollen, Leder- und Fellreste; kurz, alles, was Sie vielleicht lieber auf dem Müll sähen, Ihr Kind aber zur ständigen Verfügung haben sollte: das erspart Ihnen gemeinsam nämlich Langeweile und den Kauf von Spielsachen.

Gemeinsames Wohnen bedeutet, gemeinsam nach Möglichkeiten suchen, daß sich Kinder und Erwachsene in der Wohnung entfalten können: arbeiten, ausruhen, spielen, lärmen und lernen. Wenn Ihnen das gelingt, ist Ihr Wohnen streßfreier, phantasievoller und kreativer – auch wenn es bei Ihnen nicht aussieht wie in »Schöner wohnen«. Und wichtig ist doch, wie Sie sich wohl fühlen, und nicht, was Ihre Nachbarn dazu sagen.

# Was ist eigentlich in Ihrer Familie los?

## Partnerprobleme und Kinder

Als ich mich daranmachte, dieses Buch zu schreiben, war unsere Ehe gerade dabei, sich aufzulösen. Wir begannen, einzeln und gemeinsam mit vielen Freunden über unsere Probleme zu sprechen, und stellten fest, daß es bis auf wenige Ausnahmen kein Paar gab, das nicht ähnliche Krisen durchgemacht hatte oder selber gerade an Trennung dachte. Überall liefen ähnliche Prozesse ab. Nach einer oft jahrelang dauernden Verliebtheit und glücklichen Beziehung brachten die Kinder neue, unvorhergesehene Belastungen in die Familie: Übermüdung, finanzielle und persönliche Einschränkungen, einseitige Belastungen (»nur« Beruf, »nur« Kinder), unbefriedigende sexuelle Beziehungen. All das kann jahrelang erfolgreich verschwiegen oder kaum wahrgenommen werden, weil Familie ja glücklich machen muß, aber eines Tages bricht das aufgestaut hervor: Es kommt ständig zu sinnlosem Streit um immer dieselben Sachen (sinnlos, weil nichts dabei rauskommt), man tauscht längst bekannte Vorwürfe aus und versucht, sich gegenseitig die Schuld zu geben.

Wenn Kinder, Berufstätigkeit und Politik noch Zeit und Gelegenheit lassen, wird ein »Seitensprung« inszeniert, der das Drama auf die Spitze treiben und Bewegung in die festgefahrene Situation bringen soll.

»Wenn die Kinder nicht wären«, würde man sich sofort trennen. Aber lohnt es sich wirklich, in diesem Zustand weiter zusammenzuleben? Kinder dürfen kein Grund sein, eine Beziehung, die als inhalts- und gefühllos erlebt wird, aufrechtzuerhalten. Als Ehekitt oder Puffer zwischen den streitenden Partnern wären solche Kinder immer in einer verzweifelten Lage und würden deshalb im Lauf der Zeit »Symptome« entwickeln, die sie als psychisch gestört oder krank abstempeln, tatsächlich aber ihren Sinn zur Aufrechterhaltung der Familiensituation haben. »Wenn ich Nägel kaue, muß sich Mama weiter um mich kümmern.« Gestörte Beziehungen in der Familie bringen »Sündenböcke« hervor und produzieren Versager oder Kranke, während die krankmachenden Bedingungen unentdeckt bleiben.

Daß eine Trennung aber ungeheure Schwierigkeiten auch für die Kinder mit sich bringt, ist hinlänglich bekannt.

In diesem schier verzweifelten Hin und Her, in der ausweglosen Lage, zwischen zwei Schrecklichkeiten wählen zu müssen, gibt es im Grunde nur eine Lösung: nicht zu wählen. Sowohl die Trennung als auch die Ehe sollen ja befriedigend verlaufen. Wenn man sich zur Trennung entschließt, sollte diese auch überlegt und endgültig erfolgen und so geregelt sein, daß die gemeinsamen Kinder möglichst wenig Schaden nehmen. Entschließt man sich, weiter gemeinsam zu leben, dann müssen auch positive Veränderungen und neue belebende Perspektiven fühlbar sein. Die Wahl zwischen Scheidung und Eheknast nicht zu treffen muß also heißen, erstmal die Probleme zu analysieren. Das heißt für jeden Partner vor allem, sich selbst zu finden.

Wenn man von den gegenseitigen Vorwürfen (denn es gibt keinen Schuldigen und Unschuldigen) zu einem Austausch von »ich fühle« und »ich will« kommt, ist schon viel gewonnen. Ich habe die verblüffende Erfahrung gemacht, daß man die gleichen Gefühle und Bedürfnisse so unterschiedlich ausdrücken kann, daß sie gegensätzlich erscheinen: Wut und Aggression können ein Aufschrei nach Zärtlichkeit sein, Wortschwall und Arroganz ein Ausdruck von Sprach- und Hilflosigkeit.

Es ist in jedem Fall sinnvoll, seine Probleme mit anderen Menschen zu besprechen; wenn irgend möglich, sollte man auch die Hilfe eines Therapeuten in Anspruch nehmen, der Paar- oder Familientherapie durchführt: so können jene elenden Vorwurfs-Kreisläufe durchbrochen und Perspektiven sichtbar werden, die vorher verschüttet waren; Totgeglaubtes erwacht zu neuem Leben. Ich selbst bin immer wieder verwundert über das nahe Beieinanderliegen von Liebe und Haß, die Gratwanderung zwischen Trennung und neuer, viel tieferer Liebe, die wir selber gerade erleben.

Wenn der Entscheidung zwischen Partnerschaft und Trennung eine neue Selbstfindung und Selbstbestimmung vorausgeht, fällt die Entscheidung in jedem Fall positiver aus: Auseinandergehen im Haß, eine unreflektierte Trennung ist für alle schlimm, nicht nur für die Kinder. Die unbewältigte Vergangenheit wird ihren Schatten in jede Zukunft werfen – auch auf die Liebe zu einem neuen Partner. Auseinandergehen im Haß bedeutet auch, die Kinder vor ein Trümmerfeld zu stellen oder sie sogar hin- und herzuzerren. Eine Trennung ist verarbeitbar – nicht aber das gegenseitige Aufhetzen von Kindern durch haßerfüllte Partner. So paradox es klingt: vor der Trennung muß man sich versöhnt haben.

## Streiten lernen

Offenheit ist sicherlich unabdingbar für eine befriedigende Partnerschaft – auch zwischen Eltern und Kindern. Wenn »was im Busche« ist, bekommen Vorschulkinder das mit. Es ist viel schlimmer, wenn sie einen verheimlichten Streit entdecken und mit diesem Erlebnis alleingelassen werden, als wenn sie ihn offen mitanhören müssen. Unüberlegte Offenheit kann aber Kinder auch hoffnungslos überfordern und in Verzweiflung stürzen.

Deshalb sollten sich Eltern bemühen, ihre Lage dem Kind in einer verständlichen Form zu erklären, und gleichzeitig keinen Zweifel daran lassen, daß sie beide, unabhängig davon was konkret geschieht, ihr Kind weiter liebhaben und nie im Stich lassen werden. »Wir zanken uns in letzter Zeit sehr oft, und wir überlegen, wie wir Freunde bleiben können.« »Wir sind sehr wütend aufeinander und müssen viel miteinander streiten und besprechen, damit es uns bald besser geht.«

Daß man Gefühle – Haß, Liebe, Aggression und Zärtlichkeit, Wut und Geborgenheit – offen ausdrücken und aussprechen kann, ist für viele aus unserer Generation ein langer Lernprozeß und eine Erfahrung, die wir in unseren Familien nicht machen konnten.

Wenn unsere Kinder erfahren, daß sie sich offen gegen uns wenden dürfen und ihre Wut ausleben können, daß Streit genauso zum Leben gehört wie Zärtlichkeit, dann werden sie auch unseren Ehekrach leichter verkraften und nicht als Bedrohung

ihrer selbst erleben. »Wer nicht töten will, lerne beizeiten zu streiten«, heißt es im »Streitbuch für Kinder«[35], – und das ist bestimmt wahr: Töten muß nicht heißen, einen Mord zu begehen (wobei Liebe, Haß und Eifersucht ja ein gängiges Motiv sind), es kann auch heißen, sich selbst zu töten und fortan nur noch als Maske herumzulaufen, – lebende Beispiele dafür gibt es genug.

»Wo nie gestritten wurde, wendet der Erwachsene später ahnungslos die falschen Mittel an, empfindet Schuldgefühle, daß er überhaupt in Streit gerät, kann sich nicht wehren und gibt viel zu schnell auf. Wo nicht ›gekonnt‹ gestritten wird, gibt es beschämende Niederlagen und schalen Triumph, doch keiner kann sich freuen am fragwürdigen Sieg, weil in Wahrheit beide Seiten verloren haben.«[36]

Streiten lernen kann man nur durch Erfahrung. Wenn einem klargeworden ist, daß nach wenigen Stunden die Lage schon wieder ganz anders aussehen kann, fällt es vielleicht auch leichter, einen Streit mit einem freundlichen Wort oder wenigstens einer versöhnlichen Geste zu beenden. »Versöhnliche Zeichen zu setzen ist im Leben mit unseren Kindern von entscheidender Bedeutung: Eine versöhnliche Grundhaltung entsteht, die intuitiv die Grenzen der Verletzbarkeit des anderen Menschen achtet und die auf jeden Fall verhindert, daß man ›zu weit geht‹ im Streit. Spürt das Kind diese Grundhaltung bei seinen Eltern, so ist jede elterliche Auseinandersetzung – bis hin zu Trennung und Scheidung – möglich, ohne daß für das Kind eine Katastrophe daraus wird.«[37]

## Eifersucht – Lernort Kinderzimmer

Natürlich hat Eifersucht mit Besitzdenken zu tun. Natürlich ist Eifersucht abzulehnen. Leider ist sie trotzdem da – bei Eltern und Kindern. Wichtig ist, sich klarzumachen, daß den Eifersüchtigen keine Schuld trifft und daß sich Eifersucht weder durch Argumente (»Ich hab' dich doch auch lieb!«) noch durch Erziehungsmethoden (schimpfen, drohen, strafen, loben) beheben läßt. Was ist das überhaupt für ein Gefühl?

Das größere Kind sieht, daß der Vater das Baby auf dem Arm trägt. Es steht gerade herum, hat nichts zu tun, denkt sich: Warum werde ich nicht so getragen? Heult los, springt den Vater von hinten an. . . »Ich will auch körperlich berührt werden! Ich will, daß jemand Zeit für mich hat!« denkt es sich, ohne es ausdrücken zu können. Wenn die Eltern dieses Signal verstehen, werden sie den Säugling ablegen und sich dem größeren Kind zuwenden: es auf den Arm nehmen, ihm erzählen, wie es als Baby war und wieviel es seither gelernt hat, wie man es selbst früher gewickelt und getragen hat, wie schön es ist, sich jetzt vernünftig mit ihm unterhalten zu können. . .

Durchschaut der Erzieher das Signal nicht, wird sogar wütend und fängt an, das größere Kind zu beschimpfen, dann fühlt es sich verletzt und unverstanden. Natürlich wird es jetzt selber wütend. Es folgen furchtbare Szenen mit Gebrüll und Geschrei, Verzweiflung auf beiden Seiten. Hoffentlich kommen die beiden dazu, sich irgendwann später zu versöhnen, in Ruhe ihre Wut zu begründen. Wenn nicht, hat die Beziehung einen Riß bekommen, – noch kann er gekittet werden.

Oft ist die Situation aber so, daß sich z.B. der Vater nicht um das große Kind kümmern kann, weil sonst das Baby losschreit; weit und breit niemand, der helfen könnte. Eine ziemlich verzweifelte Lage! Ich fand in solchen Situationen nie einen anderen Ausweg als den, meine Verzweiflung zu äußern. Ich fing an zu weinen, erklärte, daß ich wirklich nicht wüßte, was ich machen sollte, denn ich kann nicht zwei Kinder gleichzeitig tragen, obwohl ich gut verstehe, daß sie das wollen. Wir weinten jetzt so lange zu dritt, bis meinem älteren Sohn eine Idee kam: Jeder sitzt auf einem Bein, so können beide auf den Schoß. Nach solchen Kompromissen zu suchen ist wichtig, – und wenn sie nicht zu finden sind, die Gefühle voll auszuleben (in Form von Schreien und Toben), ohne dafür gestraft zu werden.

Gefährlich, von Kindern jene Gefühlsbeherrschung zu verlangen, die Erwachsenen noch nach Jahren zu schaffen macht, wenn sie es leid sind, ein Leben als Maske zu führen; zu lächeln, wenn sie weinen möchten: lau zu bleiben, wenn sie leidenschaftlich empfinden.

Unter Kompromissen verstehe ich auch, Möglichkeiten zu besprechen, Zeit aufzuteilen: für jedes Kind Zeit zu haben, unterschiedlichen Bedürfnissen gerecht zu werden. Das müssen keine großartigen Dinge sein. »Wir beide kochen heute zusammen!« kann eine große Genugtuung sein. Kakaotrinken gehen in einem richtigen Café, mitgenommen werden zur Arbeit, mit der S-Bahn fahren, um jemanden zu besuchen, oder einfach eine kuschelige Stunde zum Spielen oder Vorlesen – nur wir beide. Solche Momente muß es in jeder Familie geben: spezielle Zeit nur für Mutter und Vater, nur für Mutter und älteres Kind, Vater und jüngeres Kind (und umgekehrt) – zwischen all den Gemeinsamkeiten.

Ist Ihnen schon mal aufgefallen, wann Ihr Kind *nicht* eifersüchtig reagiert? Wenn es gerade intensiv spielt, einer Tätigkeit nachgeht, die es ganz in Anspruch nimmt, wenn es erfolgreich ist, ihm etwas Tolles gelungen ist oder wenn sich jemand anders, den es mag, mit ihm beschäftigt. Einem Eifersüchtigen fehlt das alles. Es nützt dann gar nichts, ihm aufzuzählen, was es alles hat und wie sehr es geliebt wird. Es *empfindet* einen Mangel und gibt durch seine Eifersucht das Signal, diesen Mangel zu beheben.

Wenn man Eifersucht als Signal erkennt und sie nicht für eine durch Erziehungsmethoden auszubügelnde schlechte Charaktereigenschaft hält, wird sie sich durch Aufhebung des Mangels – nicht von heute auf morgen, aber langfristig – mildern lassen. Wenn Kinder und Eltern lernen, offen miteinander umzugehen, ihre Wünsche und Gefühle auszusprechen, ohne sich gegenseitig zu beschuldigen, werden die Kinder Umgangsformen erlernen, die den meisten Erwachsenen heute fehlen.

Kinder werden heute noch häufig für ihre Eifersucht und die daraus resultierenden Verzweiflungshandlungen bestraft – mit dem Erfolg, daß sie gezeichnet durchs Leben gehen. Produkte solcher Erziehung sind die meisten von uns, oft noch unfähig, die eigene Erziehung aufzuarbeiten oder darüber traurig zu sein. Befangen in nicht verarbeiteten Kindheitserinnerungen, voll von Minderwertigkeitsgefühlen und mangelnder Bestätigung, frustriert durch den anstrengenden Alltag mit Kindern, sehnt sich so manche Frau oder Mann nach den Armen eines/einer anderen und bietet so Gelegenheit zu den explosiven Eifersuchtsszenen, die sich seit alter Zeit in die moderne Ehe gerettet haben.

Statt das Signal des Mangels zu erkennen und richtig zu werten, steigern sich erwachsene Menschen in Vorwürfe und Beschuldigungen hinein und drehen sich in einem Kreislauf von Anklagen, den sie ohne fremde Hilfe kaum noch durchbrechen können.

Unsere Kinder geben uns die große Chance, Eifersuchtsfragen auch für uns selbst mit ihnen zusammen neu zu klären. Was ihnen hilft, tut uns selbst gut.

# Meine Oma glaubt an Gott –
# Vom Umgang mit Verwandten

Wahrscheinlich gibt es auch in Ihrer Familie Verwandte, die so ganz anders sind: eine katholische Großmutter, ein geistig verwirrter Opa, eine Tante mit Pfennigabsätzen und Nylons, wo Sie doch nur Jeans tragen, einen total verrückten Onkel, der weder Frau noch Kinder hat und zur See fährt... oder noch schlimmer.

Seine Freunde kann man sich ja aussuchen, – aber seine Familie? Hinzu kommt, daß z. B. Eltern, zu denen man jahrelang mäßigen Kontakt hatte, auf einmal als Großeltern aktiv werden, unmögliches Spielzeug verschenken und ständig ihre Enkelkinder sehen wollen. Wobei es natürlich nicht beim Sehen bleibt.

Um es gleich vorwegzunehmen, – seien Sie froh!

Ich jedenfalls bin davon überzeugt, daß auch die verrückteste Verwandtschaft ein Kinderleben bereichert, – vorausgesetzt, man einigt sich auf bestimmte *Regeln*. Diese Regeln sind eigentlich einfach, jedoch um so schwieriger anzuwenden, je weniger man sich selbst mit seiner eigenen Herkunftsfamilie auseinandergesetzt und von ihr gelöst hat. Mit lösen meine ich, nicht einfach auseinanderzugehen, sondern sich auseinanderzusetzen, gegenseitig zu tolerieren und zu akzeptieren, eigenständige Ansichten zu vertreten und verantwortlich für sich selbst zu leben.

Entsprechend lautet die Regel: Die Generationsgrenzen sind klar zu ziehen, erziehen tun allein die Eltern, die auch die alleinige Verantwortung für ihre Kinder tragen.

Wenn das klar ist, kann man über alle Fragen sprechen, auch streiten. Gerade der Opa, dessen Ansichten Sie vielleicht unmöglich finden, wird von Ihrem Kind geliebt. Warum eigentlich nicht? Er hat etwas, was Ihnen fehlt, was Sie Ihrem Kind nicht geben können. Ist das wirklich so schlimm? Ich würde es akzeptieren, auch wenn er eine Partei wählt, die Sie ablehnen. Umgekehrt wäre es natürlich auch falsch, das Kind zu zwingen, stundenlang bei einer Tante zu bleiben, die es nicht leiden kann. Ich glaube allerdings, daß ein anderer Fall in der Realität viel häufiger vorkommt: Während Sie es kaum aushalten können, bewundert Ihr Kind die merkwürdige Kleidung von Tante Herta, bewegt sich ungezwungen zwischen röhrenden Hirschen und Meißner Porzellan, Kruzifix und Spitzendecken. Es übersieht ihre Blicke bei seinem Schmatzen von Windbeuteln und läßt sich stundenlang von früher erzählen... Haben Sie wirklich Angst, Ihr Kind könnte dadurch »verdorben« werden? Wer so denkt, unterschätzt seine Elternrolle und die Wirkung, die das alltägliche Leben – und nicht der Besuch – auf Kinder hat.

Unsere Kinder gehören uns nicht in dem Sinn, wie uns liebgewonnene Gegenstände gehören. Sie sind keine Kannen, in die wir unsere Weltanschauung kippen können.

Überzeugen kann allein das gemeinsame Leben, unsere Aufrichtigkeit und unsere Argumente. Viele davon wird Ihr Kind vielleicht bald gegen den Großvater erproben. Und auch Großeltern lernen von ihren Enkeln. Gespräche über Jesus, Krieg, Hunger und früher, so wie es Oma erlebte, können uns allen nur nützen. Es wäre schade, diese Lernerfahrungen in der Auseinandersetzung Enkeln, Eltern oder Großeltern vorzuenthalten. Es wäre schade, unseren Kindern die Erinnerungen an und die Erfahrungen von anderen Persönlichkeiten zu nehmen. Sie sind durch nichts zu ersetzen und nicht nachzuholen. Und die Fragen, die Ihr Kind nach solchen Verwandten-Besuchen stellen wird, werden in den wenigsten Bilderbüchern oder Vorschulprogrammen behandelt. Hier liegt eine ungeheure Chance für Auseinandersetzung, Nachdenken und Entwicklung.

Und was Sie selbst betrifft: Solange die eigenen Eltern noch leben, hat man die große Gelegenheit, anhand des beobachteten Umgangs von Großeltern und Enkeln darüber nachzudenken, zu entdecken und zu fragen, wie man selbst erzogen wurde. Die eigene Kindheit aber bestimmt unser Erziehungsverhalten noch immer mehr als jedes gelesene Buch.

# Taschengeld – ab wann wieviel?

Lesen Sie mal dies: »Vierjährige sollten wöchentlich 50 Pfennig, fünfjährige 70 Pfennig, sechsjährige 1,—DM, siebenjährige 1,40 DM, achtjährige 1,90 DM und neunjährige Kinder 2,50 DM bekommen.«[38]

Ist das die Vorbereitung auf die freie Marktwirtschaft? Was mich besonders verblüfft, ist die Sicherheit, mit der diese Summen in einem Elternbuch kommentarlos aufgeführt werden. Ich habe meinem Sohn bis heute noch kein Taschengeld ausgezahlt und schulde ihm demnach mindestens 31,50 DM.

Mit vier Jahren entwickelte er zwar ein lebhaftes Interesse für Geld und unsere finanziellen Probleme (als seine Oma bei uns kein Taschentuch fand und meinte »Ich nehme mal lieber ein Taschentuch von mir« kommentierte er: »Das ist auch besser, denn ich weiß nicht, wie es bei uns z.Zt. mit dem Geld aussieht«), lernte, allein einkaufen zu gehen, und pflegte seine umfangreiche Papiergeldsammlung, aber auf die Idee, Bargeld von uns zu verlangen, und zwar in regelmäßigen Abständen, ist er bis heute nicht gekommen. Wir haben auch nicht vor, ihn diesbezüglich zu beeinflussen. Er bekommt ja im Sommer sein Eis auch so, und ihn jetzt schon in die Tugend des Sparens einzuführen, halte ich für verfrüht.

Den Umgang mit Geld muß ein Kind sicherlich Schritt für Schritt lernen. Aber ob die paar Groschen Taschengeld dafür geeignet sind? Mir scheint es sinnvoller, das Kind nach einem Liter Milch zu schicken oder nach Brot, ihm Geld für ein Matchboxauto oder ein Taschenbuch zu geben und den Wert der Münzen zu erklären.

Wichtig ist, über Preise zu reden, daß Dinge, die viel Arbeit machen, meistens teuer sind (Autos, Häuser). Und Sachen, die weniger Arbeit machen, meistens billig (z.B. Bleistifte, Plastikbecher etc.). Andererseits werden oft Sachen teuer gemacht, die billig sein könnten (z.B. Obst, wenn ein Teil der Ernte vernichtet wird, oder modische Plastik-Artikel). Anderes, was viel Arbeit macht, ist manchmal billig, weil es aus Ländern kommt, in denen Menschen hungern.

Das Kind muß ein Gefühl dafür bekommen, daß seine Eltern ihr Geld einteilen müssen (Miete, Essen, Kleidung etc.) und daß es kein Willkürakt ist, wenn es zum Kauf eines Cat-Cars oder einer riesigen Puppenstube nicht ausreicht.

Allerdings sind viele Eltern in dieser Frage nicht ganz ehrlich bzw. nicht ganz gerecht, – und das wäre allerdings die Voraussetzung für das Einbeziehen der Kinder in finanzielle Fragen. Waren der Zweitwagen, der neue Farbfernseher, die Ledersessel *wirklich* notwendig?

Jedenfalls finde ich es durchaus angebracht, einem Kind allmählich zu Größenvorstellungen zu verhelfen: Papa bekommt für seine Arbeit 2 000,—DM, die Miete für unsere Wohnung kostet. . .

Wenn Vorschulkinder, durch ältere Geschwister oder Freunde darauf aufmerksam gemacht, Taschengeld erbitten, soll man ihnen das nicht verwehren. Sie müßten aber wissen, daß das, was ihnen da ausbezahlt wird, eine lächerlich kleine Summe gegen das ist, was sie (und alle anderen Familienmitglieder) in der Woche tatsächlich kosten. Taschengeld = Geld in der Tasche. Es ist nicht zum Sparen gedacht und kein Erziehungsmittel!

Die Höhe des Taschengeldes sollte sich einerseits nach dem Familienetat und nach dem Taschengeld der Freunde richten (es wäre sicherlich schlecht, wenn Ihr Kind entschieden mehr oder weniger bekäme), vor allem aber danach, was sich ein fünf- oder sechsjähriges Kind wöchentlich oder monatlich Sinnvolles kaufen kann: Die Preise eines Taschenbuches (ab 3,80 DM), eines Matchboxautos (ab 2,80 DM), eines Flummiballes (1,— DM) sind da, glaube ich, bessere Fixpunkte als irgendwelche abstrakten Summen. Sie sollten mit Ihrem Kind besprechen, was es sich z.B. mit 5,—DM monatlich kaufen könnte, und ihm auch die Läden zeigen, die sinnvollen Kleinkram führen.

Wenn es aber aufgrund Ihrer Wohnlage mit seinem Taschengeld sowieso nur bis zum Bäcker an der Ecke kommt, der für solche Mini-Beträge nichts als scheußlich-schöne Süßigkeiten anbietet, würde ich mit dem Taschengeld lieber noch warten. Mein

Gegenvorschlag: Legen Sie eine bestimmte Summe fest (z.B. den »Taschengeldjahresbetrag«) und überreichen Sie das Geld Ihrem Kind in einem Spielzeugladen zu einer Zeit, da Geburtstag und Weihnachten weit weg sind; jetzt darf es sich mit Ihrer Beratung (aber eben nur Beratung, nicht Bestimmung) etwas aussuchen. Mit drei Jahren wissen Kinder schon selbst, was sie sich wünschen. Kriterien: Haltbarkeit, Vielseitigkeit, viel von einer Sorte, nicht zu viele Systeme parallel und alles Geld ausgeben – von Ihnen aber auch nichts »nach«-bekommen. Um das Kind nicht allzusehr zu verwirren, würde ich seine Wünsche schon zu Hause besprechen und auf ihre Realisierbarkeit prüfen, sonst gibt es Tränen im Laden.

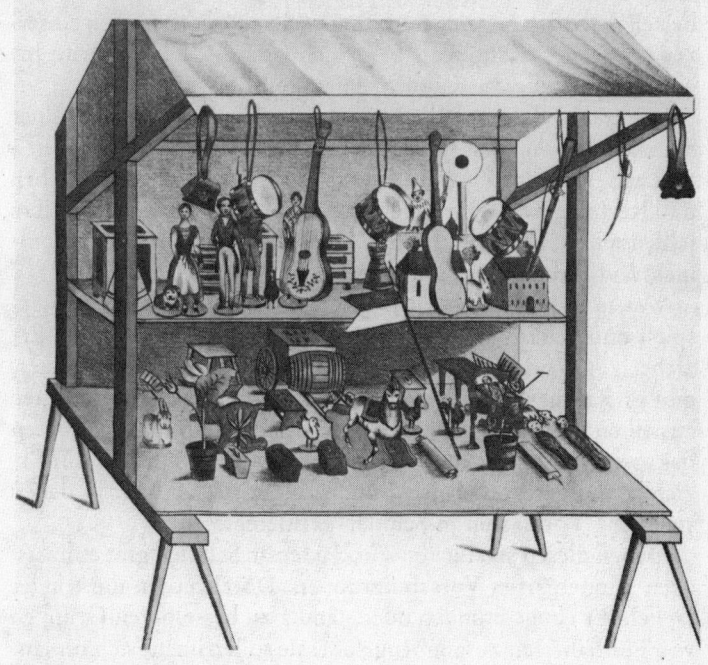

# Wohin mit den Fünfjährigen?
## Vorschulische Einrichtungen: Kindergarten, Vorschule, Eingangsstufe

Für Fünfjährige gibt es in der Bundesrepublik und Berlin (West) verschiedene Einrichtungen, die sich alle mit Vorschulerziehung befassen. Der Streit, in welcher Institution die Kinder zu fördern sind, ist noch lange nicht abgeschlossen, von Bundesland zu Bundesland gelten andere Regelungen.

Fest steht jedoch: Wenn Ihr fünfjähriges Kind bisher bei Ihnen zu Hause war, dann sollten Sie jetzt unbedingt dafür sorgen, daß es einen Platz in einer vorschulischen Einrichtung bekommt. So skandalös es ist: Ihr Kind hat *kein Recht* auf so einen Platz, es besteht lediglich ein Angebot, für das Sie sich entschieden einsetzen müssen (Nachfragen bei Nachbarn, Sozialarbeitern, Jugendamt, Schulamt, Kirchengemeinde)!

In einem Jahr wird Ihr Kind gezwungen sein, sich in einer Schulklasse von nicht selten über 30 Kindern zurechtzufinden – und was ihm dort schwerer fallen wird als alles Lesen, Schreiben und Rechnen ist das Einfügen in eine so große Gruppe; was ihm fehlen wird, ist die Erfahrung, mit anderen Kindern auszukommen und gemeinsam zu lernen.

Was in den verschiedenen vorschulischen Einrichtungen gespielt und gelernt wird, ist höchst unterschiedlich. Für die Erzieher von Vorklassen an staatlichen Schulen (Vorklassenleiter) gibt es Rahmenpläne, die sich auch die Eltern in Bibliotheken ausleihen oder in Buchhandlungen bestellen können (falls man das so wichtig findet). Sie enthalten oft gute Anregungen für Erzieher und sind in all den Bundesländern erhältlich, in denen staatliche Vorklassen in Schulen existieren.[39]

Neben diesen staatlichen Vorklassen an Schulen gibt es in fast allen Kindergärten Vorschulgruppen. Dort werden die Kinder täglich für einige Stunden oder ständig zu besonderen Gruppen von Fünfjährigen zusammengefaßt: sie sollen üben, sich für längere Zeit zu konzentrieren, ihre Umwelt zu erforschen und bestimmte Regeln für das Lernen in Gruppen einzuhalten. Wie das konkret aussieht, wird abhängen von den finanziellen Mitteln, der Einstellung der Kindergartenleitung und der Qualifikation der Erzieher.

Wenn Ihr Kind bereits in einen Kindergarten oder eine Kindertagesstätte geht, mit der Sie – und vor allem Ihr Kind – zufrieden sind, wäre es sicherlich falsch, es dort herauszuholen und in eine neue, fremde Vorklasse einzuschulen. Sie könnten aber gemeinsam mit den Eltern Ihrer Gruppe überlegen, ob es nicht sinnvoll wäre, alle Kinder der Gruppe gemeinsam am »Vorschulunterricht« (täglich höchstens 3 Stunden) an einer staatlichen Schule teilnehmen zu lassen und sie im nächsten Jahr dort auch gemeinsam einzuschulen. Ob so etwas wirklich sinnvoll ist, hängt ganz von den speziellen Bedingungen in Ihrem Wohnbezirk ab, und ich kann Ihnen dazu nur einen Rat geben: Besprechen Sie es mit den anderen Eltern auf dem Elternabend des Kindergartens.

Neben Vorklassen an Schulen und Vorschulgruppen in Kindergärten gibt es noch Privatschulen mit Vorschulklassen sowie private Vorschulen. Was sich dahinter verbirgt, müssen Sie selbst erkunden. Viel wichtiger als der Name ist der Geist, der darin lebt. Und den lernt man am besten durch einen Besuch kennen. Der »gute Ruf«, der eine Einrichtung umgibt, beruht manchmal auf Leistungsdruck, Einpaukerei und Diskriminierung von gesellschaftlichen Außenseitern, nur erfährt man das meist erst durch einen Blick »hinter die Kulissen.«

Werden Sie also gemeinsam mit anderen Eltern aktiv und verschaffen Sie sich Aufklärung, z.B. auch unter dem Aspekt, ob es möglich ist, Behinderte und Ausländerkinder zu integrieren.

In einigen Bundesländern, an einzelnen Modellschulen gibt es die sogenannte *Eingangsstufe:* In der Schule werden Gruppen von nicht mehr als 15 Fünfjährigen von je einer Erzieherin/Erzieher und einer Lehrerin/Lehrer gemeinsam gefördert. Eingangsstufe bedeutet, daß die Kinder schon mit fünf eingeschult werden, dafür aber zwei Jahre lang in dieser kleinen Gruppe gemeinsam und differenziert zusammenbleiben (es gibt besondere

Förderstunden für Kinder mit Lernproblemen). Vorschule und 1. Klasse werden also mit den gleichen Kindern und Erziehern/Lehrern durchlaufen. Nach diesen zwei Jahren werden je zwei Eingangsstufen zu einer 2. Klasse mit dann ca. 30 Schülern zusammengelegt.

Eingangsstufen sind sicherlich ein fortschrittliches Modell vorschulischer bzw. schulischer Erziehung, oft aber durch besondere Bedingungen geprägt, die auch hier eine persönliche Prüfung notwendig machen. Ganztags-Mammut-Schulen, verkrüppelt durch Sparmaßnahmen und Verwaltungschaos, können so manches fünfjährige Kind zur Verzweiflung bringen.

Wenn Sie sich den Kopf darüber zerbrechen, welche Einrichtung Sie für Ihr Kind wählen können oder sollen, dann machen Sie sich vor allem eins klar: Wichtiger als jede Entscheidung für eine bestimmte Institution sind Sie und Ihre Familie für das Kind. Die Art und Weise, wie Sie sein Lernen unterstützen oder abblocken, Ihr Einflußnehmen bei Elternabenden, Ihre Zusammenarbeit mit anderen Eltern und Erziehern ist folgenreicher als die Wahl der Institution. Es kommt auf das *Wie* an, auf Methoden, Inhalte und Ziele. Ein seelisch ausgeglichenes und glückliches Kind kann eventuelle »Wissenslücken« im Schulalter spielend aufholen, während ein mit totem Wissen vollgepfropftes, überfordertes und unglückliches Kind umgekehrt zum Problemfall und Schulversager werden kann. (Natürlich ist auch in letzterem Fall Hilfe möglich).

Aus meinen Erfahrungen mit Schulanfängern kann ich sagen, daß es vor allem die mit der Klassengröße zusammenhängenden Disziplinierungsmittel sind, die Schulanfänger so fertig machen: das Sich-einfügen-müssen und Nicht-beachtet-werden, beides sichere Mittel, die Lust am Lernen zu verlieren. Ich plädiere deshalb dafür, Kinder unter *solchen* Bedingungen so spät wie möglich einzuschulen, weil sie bei qualifizierter Anleitung und in kleineren Gruppen unter freieren Bedingungen im Kindergarten sicherlich lernfähiger und aufnahmebereiter bleiben als unter dem Drill einer autoritären Lehrerin oder den üblichen, oft beschämenden Bedingungen einer bundesdeutschen Normalschule, gegen die auch die fähigsten Lehrer z.T. machtlos sind.

# Spielzeug für Vorschulkinder

Ich spiele wahnsinnig gern, und Spielzeugläden aufzusuchen gehört zu meinem größten Vergnügen. Trotzdem kann ich mich oft des Eindrucks nicht erwehren, daß wir mit Spielzeug die verlorengegangene Handlungsfreiheit unserer Kinder wiederherstellen und unsere eigene Einfallslosigkeit kaschieren wollen.

Nun mag man darüber lamentieren oder nicht: Unsere Kinder können zumindest in Großstädten kaum noch allein auf der Straße spielen, weil das zu gefährlich ist; und die berufliche Arbeit außer Hause ist so kompliziert, daß wir Kinder kaum daran beteiligen können.

Wer wollte also behaupten, daß spielen nicht sinnvoll und Spielzeug überflüssig ist? Wir geben unseren Kindern Spielzeug, damit sie uns in Ruhe lassen und trotzdem ihren Spaß haben – und möglichst noch dabei lernen.

Spielzeug, so schwer das angesichts der übervollen Auslagen der Spielzeuggeschäfte zu begreifen ist, ist keine Selbstverständlichkeit. Es stimmt nicht, daß Kinder »zu allen Zeiten und immer« gespielt hätten. Es gab Zeiten, da spielten Eltern und Kinder mit den gleichen Dingen, und es gab Zeiten, in denen Spielzeug und Spiele verpönt waren.[40] Heute noch gibt es Kulturen, in denen weder Kinder noch Erwachsene Spielzeug und Spiele kennen, weil der Kampf ums Überleben dafür keinen Platz läßt.[41]

Daß in unserer Gesellschaft, die durch entfremdete Arbeit auf der einen und »Freizeit« auf der anderen Seite gekennzeichnet ist, Spielzeug Ware ist und kommerzielle Gesichtspunkte bei ihrem Verkauf die maßgeblichen sind, liegt auf der Hand. Für fast 2 Milliarden DM werden in der BRD und Westberlin jährlich Spielwaren gekauft, der größte Anteil davon zur Weihnachtszeit und in Kaufhäusern.[42] »Daß sich in Spielgegenständen unterschiedlichste historische und klassenspezifische Erziehungsstrategien vergegenständlichen, erkennt das bloße Auge. Was unter dem Oberbegriff ›Spielzeug‹ in Kaufhäusern, Fachgeschäften,

Eckbuden, Tankstellen angeboten wird, ist gekennzeichnet durch Widersprüche und Ungleichzeitigkeiten, sozusagen durch verschiedene Schichten. Widersprüche des Inhalts und der Funktion im Gebrauch für die Kinder: da ist einerseits das didaktische Material, das sie nach Anleitung ›bespielen‹, das in der Vorschule oder im Kindergarten der Institution gehört (Arbeitsmittel, die nie in den Besitz der Kinder übergehen), und das in disziplinierender und qualifizierender Funktion Arbeitshaltungen herausbildet. Da ist andererseits das kommerzielle Spielzeug, und insbesondere das sogenannte Billigspielzeug (Comic-Hefte, Lutscherketten, Knallpistolen, Kracher etc.), das den Kindern subjektiv so viel näher liegt als alles Didaktische Material, Spielzeug, das sich meist im unwiederholbaren Konsum realisiert und Konsumgewohnheiten entwickelt (u.a. die Gewöhnung an Verschleiß). Derartige Widersprüche erscheinen praktisch schon durch das häufige Verbot von Billigspielzeug in Kindergärten und Schulen. Daß darüberhinaus das derzeitige Spielzeug durch historische Ungleichzeitigkeiten gekennzeichnet ist, springt ebenfalls ins Auge: neben Windmühlen Mondraketen, neben der Arche Noah der Flugzeugträger. . . . .«[43]

Der Hilflosigkeit, mit der wir Eltern häufig dem Spielzeugmarkt ausgeliefert sind, setzen unsere Kinder gezielte Forderungen entgegen: Mein fünfjähriger Nikolai sammelt penibel alle Legoprospekte und möglichst auch die Verpackungen, um sich so einen Überblick über das Angebot zu bewahren und seine Wünsche gezielt bei uns anzumelden. Kann man Kindern das verübeln in einer Welt, in der sich fast alles um Konsum dreht, Werbung selbstverständlich zum Straßenbild gehört und bis in die Intimsphäre dringt? Unmöglich, Kinder diesen Einflüssen völlig zu entziehen und sie – in die in bestimmten Bereichen heile Welt des letzten Jahrhunderts zurückzuversetzen.

Daß man ihnen aber nicht alles kaufen will, was Spielzeughersteller auf den Markt werfen, daß viele Verpackungen ein Bluff sind, mit denen Kinder zu immer neuen Bedürfnissen verführt werden, kann man mit Fünfjährigen zumindest besprechen, ohne dabei die Entwicklung ihrer eigenen Bedürfnisse und Wünsche völlig außer acht zu lassen.

Die Erben des arbeitslosen dänischen Tischlers, der in den 30er Jahren mit der Fabrikation von »Lego«-Spielzeug begann, beliefern heute über 100 Mio Haushalte in aller Welt. Sie verfügen über ein ausgezeichnetes Marketing, aber ihr Spielzeug ist nicht zuletzt deshalb so erfolgreich, weil es bis ins Detail durchdacht und für Kinder ansprechend ist, weil es ihre Umwelt in vielen Bereichen farbenfroh und durchschaubar widerspiegelt.

Das Spielzeug des Schweizer Fabrikanten Kurt Naef findet sich im Gegensatz zu Lego in keinem Kaufhaus oder Supermarkt. Es handelt sich schon fast um Kunst, und entsprechend sind die Preise, die sich auch aus dem hohen Anspruch des Herstellers ergeben: »Ich möchte im Kind das Gefühl wecken für das lebendige, naturgewachsene Material (Holz) und für die schöne Form, die Menschen dem Gegenstand gegeben haben... Am Spielzeug bildet das Kind seine Sinne, an ihm lernt es, seine Umwelt begreifen – im doppelten Sinne des Wortes. Am altersgemäßen Spielzeug übt es seine Geschicklichkeit, seine geistige Beweglichkeit. Es lernt, sich zu konzentrieren, bei der Sache zu bleiben, logische Denkabläufe zu vollziehen, einfache Funktionen zu durchschauen. Spielend macht es so in der Vorschulzeit die entscheidenden bildsamen Erfahrungen, auch sozialer Art, ohne die es den Anforderungen der Schule und des Lebens nur schwerlich gewachsen wäre. Aus dieser Erkenntnis empfinden wir es auch als besonders dankbare Aufgabe, therapeutisches Spielzeug für behinderte Kinder zu entwickeln. Jede Förderung fängt mit Spielen an.«[44]

Mit Spielen – nicht mit Spielzeug. Spielzeug ist ein toter Gegenstand, wenn es nicht beachtet wird. Jedes Spielzeug kann ungeheuer viel Spaß, Freude und Anregungen bieten, wenn mit ihm gespielt wird. Astrid Lindgren hat das in der Erzählung »Die Prinzessin, die nicht spielen wollte«[45] in einer auch für Kinder verständlichen Form erklärt. Um dieses Spielen zu lernen, brauchen Kinder Erwachsene – nicht als Animateure oder Conferenciers, sondern als Partner, Vorbilder, Beispiele, als Menschen, die für sie da sind und Zeit haben.

So paradox das klingt: Je mehr Zeit Erwachsene zu gemeinsamem Spiel verwenden, um so selbständiger spielt ihr Kind allein, mit Freunden und Geschwistern (Erwachsene lassen sich natürlich auch durch ältere Kinder ersetzen).

Ein quengeliges Kind mit dem Befehl: »Geh spielen!« abzufertigen, bewirkt, daß es unerträglich wird, weil es sich unverstanden, zurückgestoßen und nicht ernst genommen fühlt. Fängt man stattdessen ohne viel Worte an, etwas zu bauen oder aufzustellen, den Opa aus dem Bett der Puppenstube aufstehen und nach Essen verlangen zu lassen, die Babypuppe frisch zu wickeln und dabei an ihr einen entsetzlichen Ausschlag festzustellen, der unbedingt behandelt werden muß. . . dann kann man sich meist nach einer Viertelstunde aus dem Spiel zurückziehen.

# Spielzeugempfehlungen

Ich gebe im folgenden Spielzeug an, das ich wichtig finde, weil es Kindern hilft, lebenswichtige Erfahrungen zu machen und zu verarbeiten. Dabei bin ich der festen Überzeugung, daß Kinder auch ohne dieses Spielzeug intelligent und glücklich werden können. Außerdem bin ich der Meinung, daß man bei Kindern im Vorschulalter ihre eigenen Wünsche mit berücksichtigen sollte, denn ein wirklich starker und beharrlicher Wunsch nach etwas Bestimmtem spiegelt ein echtes Bedürfnis wider.

Wichtig ist, sich bei Konstruktionsspielzeug früh für ein bestimmtes System zu entscheiden und dieses im Lauf der Jahre sinnvoll zu ergänzen. Damit legt man sich zwar fest, andererseits können Kinder mit wenig Lego oder mit wenig Holzbausteinen nicht sehr viel anfangen.

## Nikitin-Spiele

Alle diese Spiele machen mit Vorschulkindern sehr viel Spaß, wenn man sich als Erwachsener auch engagiert. Sie haben außerdem den sehr großen Vorteil, daß man sie mit den Kindern gemeinsam herstellen kann.

Die Holzwürfel, die die Grundlage für sehr viele dieser Spiele liefern, bezieht man am preiswertesten über Dusyma-Werkstätten GmbH, Postfach 1260, 7060 Schorndorf. Die Holzwürfel haben eine Kantenlänge von 2,5 cm und kosten pro 100 Stück ca. 12,— DM, Best.-Nr. 1071. Zum Kauf sollten sich mehrere Eltern zusammentun, da Dusyma nur an Kitas, Schulen oder Gruppen liefert. Zur Bemalung hat sich Plakafarbe und Klarlack am besten bewährt.

## Holzbausteine

Man sollte sie sorgfältig auswählen und von einer Art sehr viele kaufen, damit die Kinder ausdauernd damit spielen können. Bei uns haben sich Uhl-Bausteine sehr bewährt, die aufeinander abgestimmt sind und unendlich viele Möglichkeiten bieten: es gibt

Straßenbausteine, Auffahrten, Quader etc. (erhältlich über Dusyma).

Durch Holzbausteine können Kinder wie durch kein anderes Spielmaterial geometrische Formen kennenlernen und Erfahrungen mit Gleichgewicht sammeln, Fantasie für Konstruktionen entwickeln und ganze Spiellandschaften erfinden.

*Babypuppe oder Kind mit sehr viel lebensnahem Zubehör*
Schöne Puppen sind auch recht teuer. Wer Spaß daran hat, kann lernen, Puppen selbst zu machen. Dazu sind auf dem Buchmarkt verschiedene Bücher erhältlich. (In der Bibliothek nachfragen!)

*Puppenhaus mit Möbeln und Puppen*
Eine genaue Anleitung zum Bau einer Puppenstube nebst Möbeln befindet sich in: Jutta Lammer, Kinderhandwerkerbuch, Otto Maier Ravensburg 1977.

*Bauernhof oder Zoo mit Tieren zum Aufstellen*
Es gibt sehr schöne Holz- oder Gummitiere zu kaufen, man kann sie aber auch aus Ton oder einer ähnlichen Knetmasse selbermachen.

*Straßensystem, Autos und Verkehrszeichen, eine Ampel*
Wenn man sowieso schon Legosteine hat, ist es sinnvoll, auch die dazugehörigen Straßen zu nehmen. Uhl-Bausteine lassen sich ebenfalls als Straßen benutzen (Platten). Außerdem gibt es Straßen in Form von Matratzenbezügen. Sehr viel Spaß macht auch, Straßen immer wieder neu auf Packpapier aufzumalen.

*Musikinstrumente aller Art*
Billige Plastikinstrumente gehen zwar schnell kaputt, machen aber auch Spaß – und interessante Geräusche. Schön und stabil sind Orff-Instrumente, die speziell für Kinder entwickelt wurden. Instrumente kann man aber auch selber bauen (z.B. nach dem Bilderbuch von Alfons Anfaenger, Überall ist Musik, Parabel Verlag). Kinder sollten auch auf den Musikinstrumenten der Erwachsenen spielen dürfen, wenn man ihnen zuvor gezeigt hat, was dabei zu beachten ist.

*Magnettafel*
Metallblech oder der Kühlschrank und Zubehör (magnetische
Muggelsteine, Formen, Buchstaben, Zahlen).

*Kaspertheater mit Handpuppen*
Die Puppen macht man am besten selber aus Pappmaché, das um
einen geknautschten Zeitungspapierball geformt wird. Wenn die
Mischung aus Kleister und aufgelöster Pappe oder Zeitungspapier getrocknet und steinhart geworden ist, läßt sie sich mit Plaka
und ggf. Klarlack bemalen. Haare aus Wolle oder Fell, Kleidung
aus Stoffresten.

*Lupe*

*Meßband und Zollstock*

*Waage mit Waagschalen*
Sie muß wirklich funktionieren. Das findet man teuer bei Lehr-
mittelfirmen, beim Trödler und evtl. in Haushaltswarengeschäf-
ten. Anstatt eines Gewichtsatzes kann man die Gewichte auch
selber nähen, indem man Säckchen mit Sand füllt und beschrif-
tet.

*Schere*
Es muß natürlich eine scharfe Qualitätsschere sein und nicht so
ein stumpfes Monstrum, das angeblich für Kinder geeignet sein
soll – tatsächlich aber nicht schneidet.

*Tuschkasten*
oder einzelne Farbtöpfe, Borstenpinsel, Deckweiß, Buntstifte,
Anspitzer, Radiergummi, Wachskreiden, Filzstifte und diverse
Sorten Papier (z.B. Computer-Papier (gibts gratis), Packpapier,
Zeitung, Tonpapier, Zeichenblock etc.)

*Knetmasse*
Plastilin, Ton, Salz-Mehl-Teig u.ä.
(Rezept für Salz – Mehl – Teig auf S. 156)

*Zubehör für Sandspiele*
Schippe, Eimer, Sieb, Sandmühle, Murmeln, Sandbohrer, Rohre, Schläuche.

*Zubehör für Wasserspiele*
Trichter, Töpfe, Schüsseln, Kellen, Filter und Filterpapier, Sieb, Boote, Schläuche (z.B. Aquarienschläuche aus der Zoohandlung)

*Zubehör für Feuerspiele*
(in Verwahrung bei Erwachsenen, aber bei Bedarf zugänglich): Streichhölzer, Feuerzeug, Kerzen, Stövchen, alte Gläser zum Überstülpen, Räucherstäbchen, Schmelztiegel, (Weihnachts–)Pyramide, die sich durch Wärme dreht.

*Werkzeug*
Besser als ein Werkzeugkasten, der so schwer ordentlich zu halten ist, ist eine Kiste oder ein Karton mit einigen Holzbrettchen zum Sägen, Nageln etc. mit Hammer, Säge (am einfachsten sägt es sich mit einer Metallsäge), Feilen, Handbohrer, Schraubenzieher, Kombizange. Nägel, Schrauben u.ä. bewahrt man zweckmäßig in Schraubgläsern oder speziell dafür hergestellten Plastikschachteln auf. Zum Befestigen der Werkstücke oder Holzbretter benötigt man Klemmzwingen oder einen Schraubstock.

*Zauberkasten*
(erhältlich von Fisher-Price oder Otto Maier Ravensburg – für Kinder ab 5)

# Tätigkeiten, Spiele, Experimente und Arbeiten für Vorschulkinder und ihre Eltern

## Spiele in höchster Not

Wenn nichts mehr geht, das Kind aber trotzdem noch nicht schlafen soll, können Sie es vielleicht mit Folgendem noch einmal aufheitern:

### Magnete

Bewahren Sie verschiedene Magnete in einer Schachtel auf und geben Sie sie dem Kind zusammen mit Nadeln, Nägeln, Büroklammern etc. zum freien Spiel. Zeigen Sie ihm, wie der Magnet durch Pappe oder Stoff hindurch einen Eisengegenstand anzieht: es sieht dann so aus, als würde der Gegenstand auf dem Kartondeckel von selbst »tanzen«. Auf diese Art und Weise kann man sich ein Magnet-Theater bauen. Dazu wird an eine Papp- oder kleine Holzfigur unten ein Metallteil geklebt, so daß sich die Figur in einem Karton von unten mit dem Magnet führen läßt. Statt Puppen kann man auch Tiere oder geometrische Formen nehmen, die ein Spiel beginnen.

### Spaßgesichter

Zeichnen Sie auf ein Stück Karton ein Gesicht von der Seite – nur die Nase lassen sie weg. Da, wo Sie die Profillinie unterbrochen haben, weil die Nase fehlt, durchlochen Sie die Pappe nun oben und unten und setzen eine kleine Kette ein, die Sie auf der Rückseite der Pappe mit Tesafilm festkleben können. Die Nase der Figur ist jetzt die Kette. Wenn man die Pappe hin und her bewegt, verändert sich die Nase – und damit das Gesicht.

## Lackstifte

Mit ihnen lassen sich Teedosen, Gläser oder Verpackungen aus Plastik einfach bemalen. Das macht Spaß, weil es etwas Besonderes ist: für den Alltag sind Lackstifte zu teuer.

## Wasserspiele und Seifenblasen

Lassen Sie das Kind ggf. mit einem Stuhl am Waschbecken oder in der Badewanne spielen: Mit kleinen Booten, die Sie falten oder in einem Geheimfach schon bereitgelegt haben und die das Kind mit Hilfe eines Strohhalms vorwärtspustet, mit einem Trichter oder Filter, mit Seifenblasen. . . . Schön ist auch eine Angel, an der ein Magnet hängt, mit dem man Plastikfische, die einen Metallring im Maul haben, aus dem Waschbecken angeln kann.

## Finger- und Sprachspiele

Es lohnt, sich hierzu ein kleines Heft oder Buch zu besorgen, in dem diese Spiele beschrieben sind. Sie machen Kindern zu fast jeder Gelegenheit Spaß, auch wenn sie schon müde sind. Fingerspiele sind außerdem Geschicklichkeitsübungen und entwickeln die Feinmotorik der Hände.

Das ist ein Garten

              (mit beiden Händen die Fläche andeuten)
In dem Garten steht ein Baum
(beide Arme sind der Stamm, die gespreizten Hände die Krone)
In dem Baum ist ein Nest

              (Handflächen zum Nest formen)
In dem Nest ist ein Ei

           (Faust in einer gewölbten Handfläche)
In dem Ei ist ein Dotter

       (Zeigefinger auf Daumen zeigt das Runde des Dotters)
In dem Dotter ist ein Has'

              (V-Zeichen als Hasenohren)
Der springt dir an die Nas'

        (Finger springen an die Nase und kneifen lieb hinein)

»Wir geben einen Ball«,
sprach die Nachtigall
»So?« sprach der Floh.
»Was wollen wir essen?«
fragten die Wespen.
»Nudeln«, sprachen die Pudeln.
»Was wollen wir trinken?«
sprachen die Finken.
»Bier«, sprach der Stier.
»Nein, Wein«, sprach das Schwein.
»Wo wollen wir tanzen?«
fragten die Wanzen.
»Im Haus«, sprach die Maus.

Man kann auch leicht selber dichten, indem man sich an Heinrich Hannovers Methode hält:
o bibbele babbele bisch
im Wasser schwimmt ein Fisch

## Malen und Basteln

In Bildern verarbeiten Kinder ihre Erlebnisse und Erfahrungen – Erwachsene sollten sich deshalb hüten, in das Malen des Kindes einzugreifen (schon gar nicht durch Vormalen, Hand führen o. ä.) oder es zu kritisieren: übertriebene Hochschätzung ihrer Produktion ist ebenso abträglich wie völlige Mißachtung. Die Darstellungen der Kinder zielen nicht auf Kunst, sondern auf Wirklichkeit – Vorbilder der Erwachsenen schüchtern das Kind nur ein.

Zum Malen ermuntert man ein Kind, indem man die dafür benötigten Dinge bereitstellt, es ermutigt, anerkennt und versteht und stets einige Bilder in der Wohnung ausstellt. Sie wirken besonders gut, wenn man sie auf farbiges Papier aufklebt (Tonpapier), so daß sie dadurch einen einfarbigen Rahmen erhalten. Sinnvoll ist auch, sich mit dem Kind über das Bild zu unterhalten und ggf. einige Bemerkungen über die Umstände seiner Entstehung auf der Rückseite zu notieren.

Zum Malen braucht man viel Papier (Computerpapier oder Zeitungsendrollen, alte Plakate, Tapete etc.) Bemalen lassen sich aber auch Deckel von metallenen Tee- oder Tabakdosen, kleine Pappen, die z. B. auf abgepacktem Tee obenauf liegen u. ä.
Borstenpinsel Nr. 8—12
Tuschkasten oder einzelne Farbtöpfe (6 Farben genügen!)
Wachsstifte, Filzsüfte, Buntstifte, weiche Bleistifte
Fingerfarbe, die man aus Kleister und Farbpulver auch selber herstellen kann.

Zum Basteln
Klebestift und Klebstoff, eine scharfe Schere und jede Menge Dosen und Verpackungsmaterialien, die normalerweise auf dem Müll landen: Papprollen, Pappe aus Hemdverpackungen, Papiertüten, Netze von Zwiebeln oder Zitrusfrüchten, Gläser von Babynahrung, Tabletts aus Folie, Obstkörbchen aus Plastik oder Span. . . . .

## Anregungen zum Malen und Gestalten

### Durchschreibebilder
Blätter, Holz oder Geldstücke unter ein Blatt festes Papier legen und mit weichem Bleistift oder Wachsstift auf dem Papier Schraffuren malen, so daß die Struktur des untergelegten Gegenstandes erkennbar wird.

### Kratzbilder
Eine Fläche mit hellen Wachsfarben dick bemalen, danach mit schwarz gründlich übermalen. Mit einem Kratzer (auch stumpfe Nadel o. ä.) Muster oder Figuren eingravieren. Das geht auch sehr schön, indem man Gold- oder Silberfolie mit schwarzer Plaka-Farbe übermalt, trocknen läßt und dann hineinkratzt.

### Sand oder Konfettibilder
Alleskleber auf festem, vielleicht farbigem Papier als Malstift benutzen. Auf den feuchten Klebstoff Sand oder Konfetti streuen, trocknen lassen. Danach Sandreste abschütteln.

*Malen mit Kohlepapier*
Mit Bleistift auf das obere Blatt malen – das Kohlepapier drückt das Bild auf das untere Blatt durch.

*Papierbatik*
Mit Alleskleber auf dünnes Papier malen (z.B. einen Schneemann oder ein Gespenst, einen großen Fisch mit Kindern. . .), trocknen lassen, dann in dunkle »Farbsoße« (Wasserfarbe oder Tinte) tauchen und zum Trocknen auf Zeitung legen.

*Naß in Naß*
Ein Blatt Zeichenpapier mit dem Schwamm anfeuchten. Haarpinsel in Tuschfarbe tauchen und beobachten, wie die Farbe auf dem nassen Untergrund ausläuft, sich verzweigt etc. Immer, wenn man eine andere Farbe nehmen will, muß man den Pinsel gründlich auswaschen.

*Seidenpapier-Bilder*
Aus Seidenpapier Formen oder Figuren, Gegenstände ausschneiden und auf Zeichenpapier aufkleben. Wenn man zwei Farben übereinanderklebt, erscheint eine neue. Eine andere Möglichkeit ist, das Seidenpapier zu Kügelchen zu rollen und auf schwarzem oder dunklem Tonpapier ein plastisches Bild zu kleben. Wenn man Seidenpapier auf ein großes Butterbrotpapier oder Transparentpapier klebt, erhält man Fensterschmuck.

*Reiß-Bilder*
Buntpapier, Zeitungspapier oder andere Papierreste reißen und auf dunklem Untergrund zu einem Bild kleben.

*Selbstbildnis*
In regelmäßigen Abständen sollten Sie Ihr Kind auf eine Rolle Packpapier legen und seine Umrisse mit Wachs- oder Filzstift umfahren. Jetzt sieht es, wie groß es ist, und malt sich selber aus.

*Tütenmasken*
In eine einfache Papiertüte an den richtigen Stellen Augenlöcher

einschneiden und das Gesicht mit Wollresten, Buntpapier o.ä. bekleben oder bemalen lassen.

### Kleisterbilder
Zähen Tapetenkleister anrühren, Farbpulver oder Tuschkastenfarbe hinzufügen. Man trägt die Farbe jetzt auf Papier auf und zieht mit Kämmen oder Stäbchen Muster hinein. Hinterher gut trocknen lassen.

### Geburtstagskarten
Gratulations- oder Einladungskarten kann man leicht herstellen, indem man ein Stück rechteckigen Karton oder Tonpapier zu einer Klappkarte knickt und vorn ein entsprechend kleiner geschnittenes Bild, das das Kind gemalt oder geklebt hat, aufklebt. Mit so einem Rahmen wirkt jedes Kinderbild gut.

### Flauschige Tiere
Sie schneiden aus farbiger Pappe ein Tier vor, das flauschig ist: z.B. ein Schaf oder eine Ente. Das Kind beklebt das Tier mit flauschigem Material: Watte, Wolle, Filz- oder Teppichreste. . . . .

### Kartoffeldruck
In Kartoffeln einfache Motive einschneiden (Dreieck, Punkt, Quadrat, Stern, Baum) mit dem Pinsel Farbe auftragen und drucken. Größere Kinder können sich so T-Shirts mit Textilfarbe bedrucken oder einfache Umhängetaschen aus Nessel.

### Selbstklebende Folie
gibt es einfarbig-transparent in Spezialgeschäften für Künstlerbedarf. Mit Schnipseln oder ausgeschnittenen Motiven kann man Plastiktüten, Glas, Papier, Pappteller etc. bekleben. Außerdem kann man sich eine farbige Brille daraus basteln und rot sehen.

### Flechten
Ein Stück rechteckiges festeres Papier wird in der Mitte gefaltet. Jetzt schneidet man mit der Schere so ein, daß Streifen entstehen,

die durch einen Rahmen gehalten werden. Mit aus Papierresten oder farbigem Papier geschnittenen Streifen wird jetzt durchgeflochten (über- und unterdurch).

## Sticken
Mit einer stumpfen großen Nadel und Perlgarn oder Wolle kann man zunächst auf Pappe üben, in die ein Motiv vorgestochen wurde (vorgelocht). Wer Spaß daran hat, kann später auf Stoff Motive frei sticken.

## Knopfbuch
Größere Kinder helfen, bei kleineren macht es der Vater: aus Filz ein Buch herstellen und auf jede Seite sehr viele Knöpfe nähen – abstrakt oder als Motiv.

Das Kind schneidet jetzt Figuren oder Formen aus Filz aus und knöpft sie dran, nachdem in jede Figur ein Knopfloch geschnitten wurde.

## Papptiere mit Schnürsenkeln
Sie schneiden Papptiere aus, das Kind kann sie bemalen. Dann wird das Tier gelocht. Mit Schnürsenkeln kann man jetzt hindurchnähen und immer neue Möglichkeiten erfinden.

Das können sie auch mit einer Pappsohle machen, die so gelocht wird wie ein Schnürschuh: so kann das Kind lernen, eine Schleife zu binden.

## Ketten
Nicht nur Perlen, auch Naturmaterialien wie Hagebutten, Kerne, Blätter, Nasen vom Ahorn, Kastanien, Eicheln, zerbrochene Makkaronis, Strohhalme, in Stücke geschnitten, etc. lassen sich zu Ketten auffädeln.

## Salz-Mehl-Teig
Eine Tasse Mehl, eine Tasse Salz, Wasser so viel, daß ein Teig entsteht. Die aus dem Teig geformten Dinge kann man im Backofen stundenlang backen oder einfach an der Luft trocknen lassen, bis sie steinhart sind (dauert 1—2 Tage). Danach kann

man sie bemalen und lackieren. Eine andere Möglichkeit: den Teig vorher färben mit Farbpulver, das eingeknetet wird.

## Musterklammern

(wie sie zum Verschließen von Versandtaschen verwendet werden) Aus farbigem Karton Formen schneiden (das können die Kinder schon selbst, wenn sie Schablonen zum Vormalen bekommen: Untertasse für Kreis etc.). Die Formen werden gelocht und mit Musterklammern zu Fantasietieren oder abstrakten Gebilden zusammengefügt.

## Papierhüte

Kann man aus Zeitung falten, aus Pappe rollen und kleben (Tütenform, Zylinder) und zum Schluß mit Folie, Buntpapier o.ä. bekleben. So kann man sich auch bei Hitze vor Sonne schützen.

## Aus Papier

kann man so gut wie alles falten und kleben. Diverse Bücher sind mit Anregungen dazu gefüllt. Aus Papier kann man sogar *Perlen* machen, indem man längliche Keile aus festem Papier ausschneidet und über eine Stricknadel oder einen Streichholz rollt. Das Ende wird festgeklebt, der Streichholz entfernt.

## Indianerschmuck aus Wellpappe

Einen Streifen Wellpappe abschneiden und bunt bemalen. Er wird wie ein Stirnband um den Kinderkopf gelegt und hinten zugeklammert. In die Wellen der Pappe kann man jetzt Federn stecken: ein Stück rechteckiges Papier wird in der Mitte geknickt, man schneidet eine ovale Form (Feder) aus. Die Seiten werden eingeschnitten und ein Strohhalm an die Knicknaht geklebt.

## Räuchermännchen

Das Viertel eines Kreises aus festem Papier ausschneiden und zu einer Tüte zusammenkleben. Als Hut nimmt man einen Kreis, der in der Mitte ein Loch hat und auf die Tütenspitze geschoben wird. Das Männchen bekommt ein Loch als Mund und wird entsprechend bemalt oder beklebt. Haare und Bart bekommt man, indem man dünne Papierstreifen über eine Schere glattzieht (Locken). Wenn man darunter ein zylindrisches Räucherkerzchen stellt, dampft die Stube.

## Luftballonfiguren

Sie blasen einen Luftballon auf und befestigen ihn z.B. auf einer sandgefüllten Flasche. Mit Zeitungspapier, das in Streifen gerissen und in Tapetenkleister getaucht wird, umhüllen Sie und Ihr Kind Schicht für Schicht den Ballon und geben ihm so die gewünschte Form. Nach einigen Tagen Trockenzeit kann man das Tier mit Plaka und Lack schön bemalen. Die Vertiefungen von Eierkartons, Klopapierrollen u.ä. können als Beine, Ohren etc. mit Zeitungs-Kleistermasse befestigt werden.

## Dias

Leere Diarähmchen kann man mit Folienschreiber (Spezial-Filzstifte, wasserlöslich oder unlöslich) bemalen und dann mit dem Projektor vorführen.

## Friedensvögel

auch zum Tragen bei Demonstrationen geeignet: Vogelkörper aus weißer Pappe ausschneiden und ggf. bemalen. Als Flügel ein zur Ziehharmonika gefaltetes Papierrechteck durch einen Schlitz im Vogelkörper durchziehen. (Für die Flügel kann man auch gut Transparentpapier nehmen).

Ein anderes Modell: Noahs Taube (als Symbol der Versöhnung und des Fortbestands der Erde). Siehe Anleitung: Regenbogen mit Buntstiften oder Wachsstiften bunt ausmalen.

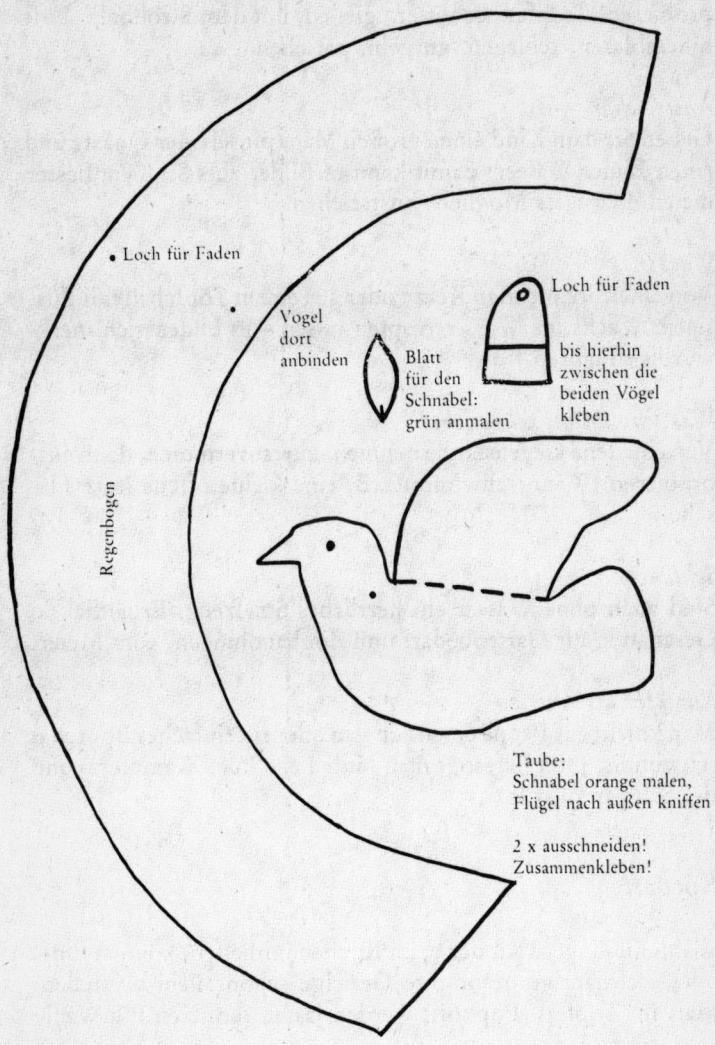

Loch für Faden

Loch für Faden

Vogel dort anbinden

Blatt für den Schnabel: grün anmalen

bis hierhin zwischen die beiden Vögel kleben

Regenbogen

Taube:
Schnabel orange malen,
Flügel nach außen kniffen

2 x ausschneiden!
Zusammenkleben!

## Wasserspiele für heiße Tage

### Wassermusik
Wieviele verschiedene Geräusche bringt Wasser hervor? Ausprobieren! Tropfen, schütten, gießen, mit dem Strohhalm Luft hineinblasen, schlagen, gurgeln, patschen. . . .

### Anstreichen
Geben Sie dem Kind einen großen Malerpinsel oder Quaste und einen Eimer Wasser: damit kann es Bilder aufs Straßenpflaster malen oder alles Mögliche anstreichen.

### Wachs
Von einer brennenden Kerze oder aus einem Töpfchen mit flüssigem Wachs ins Wasser tropfen lassen – es bilden sich merkwürdige Figuren. . . .

### Was schwimmt, was nicht?
Verschiedene Gegenstände nehmen, zuerst vermuten, dann ausprobieren: Wann schwimmt z.B. eine kleine offene leere Flasche?

### Schläuche
Sind auch ohne Wasser ein herrliches Spielzeug. Erhältlich in Geschäften für Gartenbedarf und Zoohandlungen, vom Meter.

### Kampfer als Antrieb
Man knickt aus Pappe einen Schwan oder ein einfaches Boot, das schwimmt. Jetzt befestigt man hinten ein Stück Kampfer – und der Schwan düst los.


## Kochen

Während jüngere Kinder beim Kochen mithelfen, können fünf- oder sechsjährige bestimmte Gerichte schon allein herstellen: Mais im Topf zu Popkorn werden lassen (erhitzen mit wenig

Öl). Am besten geht das in einem Jenaer Glas-Topf mit Deckel – dann sieht man genau, wie die Körner platzen.

Gekochte oder gebratene Eier.

Nudeln.

Kartoffeln.

Sahne schlagen.

Quarkspeise aus Quark, Milch und Obst.

Aus Brot- oder Keksteig etwas formen und dann backen.

Für besondere Anlässe festes Brot (z.B. Pumpernickel) mit einem Keksförmchen ausstechen, streichen und mit ausgestochener Mortadella oder Scheibenkäse belegen.

Sehr schön ist, eine große Gemüsesuppe, bestehend aus womöglich noch selbstgeerntetem Gemüse und Wurstscheiben gemeinsam mit vielen Kindern zu kochen. Welche Pflanzenteile essen wir eigentlich von Gemüse? (Wurzel, Stengel, Blätter, Frucht, Samen, Blüte?)

Richtig Spaß macht es erst, wenn man anderen von dem gekochten Essen abgeben kann.

Noch etwas ist wichtig beim Kochen: Zumindest den groben Dreck sollen die Kinder selber wieder beseitigen.

## Beobachtungen drinnen und draußen

### Schnee
Wenn es schneit, mit schwarzer Pappe Schneekristalle fangen und angucken.

Schneebälle formen und für heiße Sommertage einfrieren.

Schnee in einem Gefäß tauen lassen und sehen, wieviel Schmutz darin ist.

### Wetter
Teilen Sie eine große Pappe in gleichmäßig große Rechtecke ein – je nach Ihrem Durchhaltevermögen in 30/31 (1 Monat) oder in 7 (eine Woche). In Größe der Rechtecke schneiden Sie Kärtchen zurecht, die Sie selbst oder Ihr Kind (je nach Alter) mit Wettersymbolen bemalen und nun jeden Tag aufkleben.

In Abwandlung davon können Sie auch ein Jahresüberblick-poster gestalten: Jede waagrechte Rechteckreihe ist ein Monat. Nun kleben Sie bzw. Ihr Kind für jeden Tag ein typisches Bild oder den Fund des Tages oder ein Foto etc. ein. Nach und nach füllt sich die Fläche mit schönen Erinnerungen.

Beobachten Sie gemeinsam Wolken, Sterne, Sonne und Mond.

Suchen Sie einen bestimmten Baum oder eine bestimmte Stelle im Park immer wieder auf: bei verschiedenem Wetter, zu verschiedenen Jahreszeiten.

## Herbst

Breiten Sie auf einer Wiese ein weißes Bettlaken aus und warten gemeinsam, was sich alles darauf sammelt.

Früchte und Blätter sammeln, sortieren, trocknen und pressen. Mit Blättern und gepreßten Blumen kann man drucken, wenn man sie in Farbe taucht. Aufgeklebt kann man Bilder daraus kleben oder sie für Memory oder Lotto-Spiele benutzen.

## Mit allen Sinnen

Legen Sie sich irgendwo in die Natur: Augen zu: Was können wir hören, was fühlen, was riechen? Augen auf: Was können wir sehen?

## Riechspiel

Füllen Sie Babynahrungsgläschen mit stark riechenden Materialien: Kaffee, Zahnpasta, Nelken, Zimt, Parfüm, Zwiebel. . . . Malen Sie mit Ihrem Kind alle Gläser in der gleichen Farbe mit Plaka über oder bekleben Sie sie mit undurchsichtiger Folie: Wer riecht richtig?

## Pfützen

Beobachten Sie Pfützen nach dem Regen – und wie sie verdunsten.

## Steine sammeln

Sie sind ein herrliches Spielzeug. Man kann sie zum Beladen von

Autos nehmen, zum Zählen, Musikmachen, man kann sie anmalen und zu Figuren zusammenkleben.

## Muscheln

Am Meer gesammelt und, falls sie stinken, über Nacht in enzymhaltiges Waschpulver gelegt, lassen sich auf Kästchen kleben, nach Sorten sortieren (und ggf. bestimmen), in Gips zu Reliefs legen oder auf farbige Pappe zu Bildern kleben. Einzelne Muscheln lassen sich auch schön an Lederbändern auffädeln.

## Vögel

Im Flug beobachten. Ihre Federn kann man sammeln und untersuchen. Im Winter füttern wir die Vögel: Wenn nicht in der Nähe ein Vogelhaus ist, kann man einen ausgedienten Weihnachtsbaum in einen Eimer Sand setzen und ihn mit folgenden »Rezepten« behängen:

In einen Pappbecher, der zur Hälfte abgeschnitten und mit Aufhängern versehen wird, füllt man Brotkrümel, Rosinen, Vogelfutter, Apfelstückchen und eine Mischung aus Margarine und Erdnußcreme.

Ein Tannenzapfen wird mit Draht zum Aufhängen versehen und mit einer Masse aus Margarine und Erdnußbutter bestrichen. Der so präparierte Zapfen wird in Vogelfutter gerollt.

## Mini-Gärten

Kressesamen, Senfkörner, Bohnen und Linsen lassen sich sehr leicht beim Keimen beobachten. Kleine Pflänzchen kann man in Glasgefäße pflanzen, wenn diese zunächst mit einer Schicht Kiesel, darüber Holzkohle, darüber Erde und Moos gefüllt werden. So ein Mini-Terrarium ist auch ein schönes Geschenk.

Abgeschnittene Möhren und rote Rüben kann man mit dem Blattansatz nach oben nebeneinander in einen Teller setzen und regelmäßig gießen: dann sprießen sie zu einem kleinen Gärtchen. Wenn man noch schöne Kieselsteine dazwischen legt, sieht es noch hübscher aus.

In aufgeschlagene Eier (Hälften) kann man Erde einfüllen und die winzigen Töpfchen auf Eierbecher stellen und Kresse oder Gras hineinsähen: das ist z.B. etwas für Ostern.

## Musik macht Spaß

Musik stellt sich Kindern zunächst als Geräusch dar: hoch und tief, schnell und langsam, laut und leise. Musik ist auch rhythmische Bewegung: hüpfen, springen, rennen, Herzklopfen. Kinder entdecken, wie man sich zu Musik bewegen, auf sie reagieren kann, sie lernen, Klänge und Rhythmen nachzuahmen und erleben Musik als Mittel, sich auszudrücken.

Musikmachen mit Kindern fängt damit an, sie aufmerksam zu machen auf Geräusche, die uns umgeben. Dabei spielt die eigene Stimme eine große Rolle: sie ist ein Instrument, das jeder hat, unglaublich variabel und geeignet, Wut und Freude, Ärger und Angst auszudrücken.

## Musik mit der Stimme

Es macht besonders viel Spaß, wenn die Musik auf Kassette oder Tonband aufgenommen und danach angehört werden kann:

Insekten nachmachen, die fliegen, sich hinsetzen, weiterfliegen.

Unheimliche Gespenstermusik (huuuii, hoho, hä hä etc.). Den eigenen Namen fröhlich, traurig, ärgerlich, lachend aussprechen.

Auf der Straße: Straßengeräusche erfinden und erforschen.

Hoch und tief: hohe und tiefe Töne singen und mit der Hand zeigen.

Lieder: Wenn sie einen Refrain haben, beginnt man mit ihm. Dann kann das Kind bei jeder Strophe schon den Refrain mitsingen. Den Text sollte man auch sprechen und besprechen, damit er verstanden wird. Das Lied wird dann in Abschnitten gesungen. Natürlich ist es wichtig, richtig vorzusingen und, indem man den ersten Ton besonders lange aushält, mit einem gemeinsamen Ton zu beginnen – nie aber darf man ein Kind kritisieren, wenn es die Töne nicht halten kann. Überhaupt ist es beim Musikmachen wichtig, wenig oder gar nicht zu sprechen – statt dessen genau zu hören und mitzumachen.

## Liederbuch

Besorgen Sie sich ein großes Heft, in das Sie die Lieblingslieder einkleben (falls Sie die Noten haben) oder einschreiben. Das Kind kann dann dazu malen oder etwas Ausgeschnittenes einkleben.

Besonders gern haben Kinder Lieder, zu denen sie sich bewegen können: entweder mit mehreren im Kreis (Häschen in der Grube) oder zu zweit (Brüderchen, komm tanz mit mir) oder einzeln mit Armen und Händen (Jetzt zieht Hampelmann. . . .). Indem sie den Text mit Bewegungen nachgestalten, können sie sich ihn auch besser merken.

Wenn Sie einfache Instrumente im Haus haben, können Sie Lieder auch begleiten: Geben Sie Ihrem Kind ein Rhythmusinstrument und lassen Sie es eine Begleitung frei erfinden. Eine andere Möglichkeit ist, auf eine bestimmte Textstelle hin, die vorher vereinbart wird, auf ein bestimmtes Instrument (z.B. Triangel) zu schlagen.

## Bewegung nach Musik

Die meisten Kinder bewegen sich spontan zu Musik. Es ist dabei egal, welche Musik Sie nehmen, wichtig ist nur, daß Sie eine möglichst vielfältige Auswahl haben und Ihrem Kind verschiedene Hörerfahrungen bieten. Unterstützen kann man die Bewegung mit Chiffon-Tüchern, mit denen man herrlich »zaubern« kann, mit Rhythmusinstrumenten, Glöckchen, die an Bändern oder Gürteln dem Kind umgehängt werden, Schüttelbechern (Joghurtbecher, mit Reis oder Erbsen gefüllt und verschlossen) oder Gymnastikbändern (Kreppapierbänder gehen auch).

»Klassische« Bewegungsmusik ist die »Nußknackersuite« von Tschaikowski, »Karneval der Tiere« von Camille Saint-Saens und Mussorkskys »Bilder einer Ausstellung«.

## Mit dem Kassettenrekorder

Kassetten kann man nicht nur hören, sondern auch selber bespielen. Man kann für die Oma oder die Mutter zum Geburtstag was aufsprechen oder aufsingen, auf Instrumenten spielen, Geräusche aufnehmen oder sie künstlich nachahmen (z.B. Regen, Donner, Pferdegetrappel) oder – und das ist wirklich eine sehr gute Idee – für den Freund oder die kleine Schwester ihr Lieblingsbilderbuch gesprochen schenken – mit musikalischer Untermalung versteht sich.

Mit größeren Vorschulkindern sollte man sich mal die Mühe machen, zwei Fassungen z.B. von Hänsel und Gretel auf Kassette zu vergleichen und zu besprechen, und vielleicht eine dritte selbst erfinden.

## Musik mit Instrumenten

Vergleichen Sie Holz-, Metall- und Fell-Klänge (Trommel, Pauke) und besprechen Sie die Eindrücke: Welche Klänge klingen nach, welche nicht? (Punktklänge, Schwebeklänge).

Welche verschiedenen Geräusche kann man mit einem Xylophon erzeugen, welche mit einer Trommel?

Erproben Sie die vielen Möglichkeiten, Musik mit einem Windschlauch (geriffelter Plastikschlauch) zu erzeugen: man kann ihn nicht nur drehen, sondern auch hineinrufen, heulen, drehen und heulen etc.

Gönnen Sie sich das Vergnügen, mit einem Haufen verschiedenstem Papier heiße Rhythmen zu erfinden: knüllen, stampfen, reißen, knistern. . .

Auch mit Sandpapier und einem Stück Holz, mit Hammer und Nagel, mit Feilen kann man Musik machen. . .

Vereinbaren Sie Zeichen für laute und leise Musik, für Stille und großen Lärm. Gelingt es, langsam lauter und dann wieder langsam leiser und schließlich ganz still zu werden?

Nehmen Sie den ganzen Körper als Unterstützung zu Hilfe, indem Sie sich für Lautes ganz aufrichten, für Leises ganz klein machen.

Gelingt es Ihrem Kind, einen Rhythmus, den Sie vorgeben, nachzuahmen? Kann es eine kurze Tonfolge nachspielen? Sagen Sie nichts, wenn es etwas anderes spielt, lassen Sie es einfach weiter zuhören und mitmachen.

Wichtig finde ich auch, Kinder am öffentlichen Musikleben zu beteiligen, d.h. sie möglichst oft und solange, wie sie wollen, mitzunehmen, wenn irgendwo Musik gemacht wird. In letzter Zeit wird erfreulicherweise auch auf Demonstrationen viel gesungen – das ist Kultur von unten, die Teil unseres Alltags sein sollte. Studieren Sie doch dieses Lied mit ein paar einfachen Instrumenten ein: Maikäfer flieg! Wir wollen keinen Krieg, Krieg war schon mal in unserm Land, da war dann alles abgebrannt, Maikäfer flieg!

## Erzählen, zuhören, spielen, lesen

*Erzählen* Sie sich öfter gemeinsam Geschichten, untermalen Sie die Geschichten mit Geräuschen und unterstützen Sie den Handlungsablauf mit Bildern, z.B. indem Sie in der berühmten Geschichte vom Rübenziehen die einzelnen Figuren und natürlich die Rübe in verschiedenen Größen aufmalen und ausschneiden und entsprechend der Textfolge hinlegen. Natürlich ist das für täglich zu viel Arbeit, vielleicht ist ihnen aber ein Kindergeburtstag wert, diese Einlage zu bringen.

Wenn Sie Dornröschen erzählt oder vorgelesen haben, können Sie noch das Lied von Dornröschen singen: Dornröschen war ein schönes Kind, schönes Kind. . . Vielleicht haben die Kinder Lust, sich dazu zu verkleiden und das Märchen nachzuspielen. Auch Hans im Glück läßt sich gut nachspielen – vielleicht fangen Sie aber erstmal mit ganz bescheidenen *Rollenspielen* an: z.B. Vater Mutter Kind – und nun will das Kind ein Haustier haben. . . oder: Ein Baby ist geboren worden, große Aufregung in der Familie. . .

Eine *Verkleidungskiste* mit Stoffen, alten Unterröcken, Hüten, Hemden, Krawatten ist überhaupt ein Schatz zu Hause und in der Kindergruppe.

*Handpuppen* sind für all diese Spiele sehr geeignet. Wenn Ihnen kein Stück einfällt, spielen Sie einfach den gestrigen Tag nach. . .

Wenig Mühe für den großen Effekt macht ein *Schattentheater:* Sie spannen ein weißes Tuch auf und beleuchten es mit einer Lampe oder einem Diaprojektor. Die Figuren können Sie aus schwarzer Pappe schneiden und an Holzstäben führen. Man kann die Figuren auch wie Transparente ausschneiden (also nur einen schwarzen Rand stehen lassen) und dann mit buntem Transparentpapier bekleben. Wenn Sie Türen mit Glas haben, können Sie auf einem erleuchteten Flur in ein dunkles Zimmer hineinspielen, indem sie die Figuren hinter der Scheibe führen. Ein schönes Projekt für die ganze Familie: Führen Sie so mal ein Bilderbuch auf, z.B. Swimmy von Leo Lionni. Das wäre auch was für einen Kindergeburtstag oder einen Solidaritätsbasar.

## Reime, Verse, Fingerspiele

Suchen Sie sich aus Gedichtbänden für Ihre Kinder Gedichte heraus, z.B. von Brecht, Ringelnatz, Morgenstern. In ein Heft geschrieben, das laufend ergänzt wird, entsteht eine echte Alternative zu den z.T. albernen Kinder-Gedichtbüchern. Wobei nichts gegen alberne Verse gesagt sein soll, sondern nur gegen ihre Ausschließlichkeit.

Hier einige traditionelle Kinderreime:

Eine kleine Piepmaus
lief ums Rathaus
hatte sich verlaufen,
wollte sich was kaufen,
setzte sich ins grüne Gras,
machte sich die Hosen naß.

1,2,3 alt ist nicht neu
neu ist nicht alt
warm ist nicht kalt
kalt ist nicht warm
reich ist nicht arm
arm ist nicht reich
hart ist nicht weich
weich ist nicht hart
grob ist nicht zart
sauer ist nicht süß
Händ sind keine Füß
Füß sind keine Händ
's Lied hat ein End.

Vertont von Burkhardt Söll auf der empfehlenswerten Platte: Der Springpunkt, bei Pläne.

»Guten Tag Frau Montag, wie gehts der Frau Dienstag?« »Ganz gut, Frau Mittwoch. Bitte sagen Sie der Frau Donnerstag, ich käme mit der Frau Freitag am nächsten Samstag zum Kuchenessen zu der Frau Sonntag.«

Probieren Sie dabei aus, verschieden zu sprechen: flüsternd, schreiend, murmelnd, mit verschiedenen Betonungen.

*Rätsel* sind etwas aus der Mode gekommen – aber nicht bei Kindern. Sie fördern Logik, Sprachwitz und Sprachgewandtheit, Konzentration und Spaß. Sehr schön – leider teuer – ist das »Buch der hundert Rätsel« aus dem Insel Verlag.
Wer läuft durch Stadt und Land und bleibt doch, wo sie ist? (Straße)
Es hängt an der Wand und macht tick-tack (Uhr)
Es hängt an der Wand und gibt jedem die Hand (Handtuch)
Denken Sie sich ruhig selber Rätsel aus und spielen Sie »Ich sehe was, was du nicht siehst. . .«, Tiere und Personenraten etc. Sehr geeignet auch für stundenlanges Warten bei Ärzten oder auf Autofahrten.

*Spiele als Vorübungen zum Lesenlernen*

Kleine Dosen oder Gläser mit Anfangsbuchstaben beschriften und in diese kleine Gegenstände (z.B. winzige Gummitierchen, Murmeln, Büroklammer, Erbsen) nach dem Anlaut einsortieren.

Legen Sie ein Heft mit einem großen Anfangsbuchstaben pro Seite an, in das dann ausgeschnittene Gegenstände eingeklebt werden, die mit diesem Anlaut beginnen. Es macht auch Spaß, solche Hefte mit ausgeschnittenen Tieren, Farben, Formen, Nahrungsmitteln, Pflanzen u.a. zu füllen.

Viel schwieriger ist es, den Endlaut herausfinden zu lassen. Wenn das gelingt (Reimen ist z.B. eine gute Vorübung dafür), kann man Domino mit Bildern legen: mit dem Endbuchstaben des abgebildeten Gegenstandes muß das neue Wort beginnen z.B. Hut-Tasse-Esel-Lampe.

Benutzen Sie nur große Druckbuchstaben, die sind am einfachsten, und achten Sie darauf, die Buchstaben nicht wie im Alphabet, sondern wie sie im Wort klingen, auszusprechen: also nicht be sondern b!

*Zähl-Spiele*

Hier ist die Mutter,
wo sind die Strümpf? (Mutter: Daumen links)
Stecken im Waschkorb, alle fünf.
In die Maschine, ihr schmutzigen Strümpf!
Eins, zwei, drei und vier und fünf (beim Zählen kommen die Finger nach oben).

Das Nikitin Pünktchen-Spiel (s. Nikitin-Spiele, Kiepenheuer & Witsch) ist sehr geeignet, man kann aber auch einfache Ziffernkärtchen schreiben (0–10 oder 0–5) und dann jedem Kärtchen die richtige Anzahl beliebiger Gegenstände zuordnen. Das kann man auf der Erde, im Wald, an einer Magnettafel oder mit Fingern spielen. Spaß macht es auch, wenn es mit Geschicklichkeit verbunden ist: z.B. auf ein Tuch mit einer 4 vier Sicherheitsnadeln einstecken.

In Verbindung mit Essen lösen Vorschulkinder auch schon Minus-Aufgaben: Ich hatte vier Brezeln und hab eine aufgegessen. . .

Sie können die Ziffern auch auf Wäscheklammern schreiben und z.B. an die Wäscheklammer mit dem Schild 3 drei Gummibänder klammern lassen.

Es ist sehr wichtig, daß Kinder beim Zählen stets ihren Körper (z.B. Finger) benutzen und daß das Zählen mit konkreten Handlungen (z.B. berühren der Gegenstände, aufklammern, durchstreichen) verbunden ist.

Eine gute mathematische Übung sind normale Gesellschaftsspiele mit Würfel, z.B. Mensch ärgere dich nicht. Mit Würfeln kann man aber noch mehr machen: Würfeln Sie abwechselnd und legen Sie vorher fest, wer gewinnt: z.B. wenn ich eine 6 habe, gewinne ich. Wenn du eine 1,2,3,4,5 hast, gewinnst du. Wer wird wahrscheinlich gewinnen? Dieses Spiel läßt sich vielfältig variieren – und ist eine erste Einführung in die Wahrscheinlichkeitsrechnung. Wann haben Sie und Ihr Kind gleiche Gewinnchancen? Spielen Sie das mit Ausgabe von Bildchen oder Chips bei jedem Gewinn.

Sie können auch mit zwei Würfeln spielen: Du gewinnst, wenn einer der beiden Würfel eine drei zeigt, ich gewinne, wenn beide Würfel dieselbe Zahl zeigen. Oder: Du gewinnst, wenn deine beiden Würfel zusammen 4 Punkte haben, ich gewinne, wenn meine beiden Würfel zusammen 6 Punkte haben. Achten Sie beim Sprechen darauf, daß Sie die Begriffe »ausgeschlossen«, »unwahrscheinlich«, »wenig wahrscheinlich«, »wahrscheinlich« und »sicher« öfter bewußt anwenden.

## Andere Spiele

### Farbwettlauf
Wasser in einen tiefen Teller geben: auf ein Kaffeefilterpapier mit Filzer an den Rand der Öffnung verschiedene Farben malen und mit Bleistift umranden. Filtertüte mit der Öffnung nach unten ins Wasser setzen – jetzt laufen die Farben nach oben!

*Was ist weg vom Tablett?*
Tablett mit Gegenständen, einen unter einem Tuch wegnehmen.

*Woher kommt das Essen?*
Essensproben auf den Tisch stellen und Bildern zuordnen (Dose Würstchen – Bild vom Schwein)

*Sie verstecken etwas, die Kinder suchen im Raum*
Wer den Gegenstand gefunden hat ruft: »Huckel, buckel Bohnenkraut!« und setzt sich hin.

*Fühl-, Schmeck- und Riechraten:*
Gegenstände erfühlen, erriechen, erschmecken.

*Kuckucksei*
Nehmen Sie Bildkarten (von Memory oder selbst gemacht) und ordnen Sie die nach Oberbegriffen, z.B. Pflanzen, Kleidung. . . In jeder Reihe liegt ein Kuckucksei, ein Ding, das nicht dazu gehört und herausgefunden werden soll.


## Turnen mit Vorschulkindern

Seht den lustigen Gummimann                    (zappeln)
wie er sich streckt                            (strecken)
so weit er nur kann
Hoch die Arme
und tief das Bein                              (hocken)
entspannen   (locker hinlegen, Arme über dem Kopf erhoben)
und es noch einmal sein.

*Herr Gelenkig*            (Übung zum Beugen der Glieder)
Ich habe nur Scharniere
und alles bewegt sich
vom Kopf zu den Füßen
es beugt sich und dreht sich

Scharniere da vorne
und auch im Rücken
wenn ich keine besäße
ich läg bald in Stücken.

Ziehen Sie eine Linie oder legen ein Seil aus. Jetzt wird jedesmal
neu überlegt, womit das Seil berührt werden soll: z.B. mit der
Nase, mit dem Ellenbogen. . .

### Tüten boxen

Füllen Sie Plastiktüten oder Stoffsäcke mit geknülltem Papier,
hängen Sie sie auf und boxen Sie, solange es Spaß macht, wie gegen einen Punchingball.

### Zielübungen

Werfen Sie Ringe um Flaschen, eine Wäscheklammer in ein Glas,
Bälle in einen Korb etc.. Mit Murmeln in ein Loch zielen. Wer
trifft, gewinnt die Murmeln, die ringsum liegengeblieben sind.

### Flieger

Sie liegen auf dem Rücken, das Kind legt sich mit seinem Bauch
auf ihre Füße und versucht, seinen ganzen gestreckten Körper
auf Ihren Füßen zu balancieren.

### Tiere nachahmen

Tapsen wie ein Bär, waten wie ein Storch, hüpfen wie ein Frosch,
trippeln wie ein Vogel, galoppieren wie ein Pferd.

Mit einem *Kissen* oder Erbsensäckchen auf dem Kopf, dem
Rücken, dem Fuß, dem Bauch laufen bzw. es balancieren. Über
Kissen hüpfen, hintereinander und übereinander, rückwärts
etc. . . . Kissenschlacht.

### Geschickte Füße

Tücher, Bleistifte, Zeitung mit den Füßen greifen und sich gegenseitig zureichen, aus Holzbausteinen mit den Füßen bauen,
mit Wachskreide malen.

*Mit einem Seil*

Das Seil liegt straff auf der Erde. Das Kind balanciert seitwärts, vorwärts, rückwärts, mit einem Buch, mit einem Regenschirm hinüber.

Es umklammert das Seil mit einem Zangengriff aus großem und zweitem Zeh.

Über das Seil hüpfen: möglichst schnell und leise.

Schwingen: Das Kind steht auf der Mitte des Seiles und hält die beiden Enden so, daß das Seil straff gespannt bis zu den Achselhöhlen reicht. Jetzt tritt es vom Seil und schwingt es von hinten nach vorn.

Das Seil wird in Schlangenbewegungen durch den Raum gezogen, andere Kinder versuchen, darauf zu treten.

Tauziehen: Seilmitte kennzeichnen, mit Rhythmus und Hauruck ziehen lassen.


*Mit Besenstielen oder Rundhölzern*

Auf dem Boden sitzen: Holz mit beiden Händen an den Enden fassen, Beine anziehen und zwischen den Armen hindurch über den Stab heben.

Ski laufen: mit zwei Stäben, die zwischen großen und zweiten Zehn geklemmt werden

Das Kind liegt auf dem Bauch. Über seinen nach vorn gestreckten Handgelenken liegt der Stab. Jetzt die Arme so weit wie möglich anheben und den Stab balancieren.


*Mit Bällen*

Werfen und fangen: leise fangen, zwischendurch einmal klatschen, gegen die Wand werfen und fangen.

Ball in Rückenlage auf den Füßen balancieren.

Ball in Bauchlage über den Kopf werfen.

Ball zwischen die Knie klemmen und hüpfen.


*Auf Matratzen*

Kämpfen und balgen – nach Regeln: Wer mit beiden Schultern den Boden berührt, hat verloren. Wenn beide über eine Begrenzung hinausrollen, wird neu begonnen. Unfaire Mittel (Kratzen, Ziehen an den Haaren) bedeuten Abbruch des Spiels.

Rolle vorwärts und rückwärts — ggf. dadurch unterstützen, daß die Matratze durch ein Keilkissen in Schräglage gebracht wird.

Mit dem ganzen Körper (Arme über dem Kopf gestreckt) rollen.

Brücken: Aus der Bauch- und aus der Rückenlage.

In Rückenlage einander gegenüberliegen und sich mit den Füßen gegenseitig wegdrücken.

Du bist mein Spiegel: einander gegenübersitzen und die Bewegungen des Partners genau nachahmen.

# Zur Ruhe kommen

Unruhige Kinder sind heute eher die Regel als die Ausnahme. Dies ist nicht »Schuld« der Eltern, sondern bedingt durch eine Vielzahl von Faktoren, die das Leben heutiger Familien beeinflussen.

Alltägliche Hetze, ungesunde Schnellkost, Überfluß an Süßigkeiten und Spielzeug, Mangel an Bewegung und Handlungsmöglichkeiten sowie an persönlicher Zuwendung, familiäre Unsicherheit (viele Eltern trennen sich oder leben allein), kinderfeindliche gefahrvolle Umwelt, zu enge Wohnungen, in denen Kinder nicht laut sein dürfen, jede Menge verfügbarer Medien und die tägliche Präsenz weltpolitischer Ereignisse oder Naturkatastrophen im Wohnzimmer wirken auf Kinder in einem bisher nicht dagewesenen Ausmaß.

In dieser Situation begegnen manche Pädagogen Eltern mit Moralpredigten und versuchen, ihnen die Schuld an dieser alltäglichen Lebensumwelt zu geben, zumal gerade Mütter oft sehr offen dafür sind, diesen Vorwurf anzunehmen und alle Verantwortung zu tragen. Leider!

Nach meiner Überzeugung drücken hypermotorische Kinder eine Unruhe aus, die uns alle wach machen müßte für notwendige Veränderungen in der Städteplanung, im Wohnungsbau, in der Ernährung, in unseren Konsumgewohnheiten und der Gestaltung zwischenmenschlicher Beziehungen.

Allen Rezepten – egal aus welcher Richtung sie kommen – die versprechen, die kleinen Zappelphilippe zu bändigen, sollten Eltern daher mit größter Vorsicht begegnen. Sie dienen in der Regel nur dem finanziellen Gewinn ihrer Aussteller. Dies kommt am extremsten in den Millionen Rezepten zum Ausdruck, die Ärzte schon kleinen Kindern zur Beruhigung ausstellen. Roswitha Wirtz hat dies als Mutter erschreckend nachvollziehbar dokumentiert (s. Voss/Wirtz, Literatur im Anhang).

Wenn ich Eltern und Erziehern im folgenden Anregungen gebe, gemeinsam mit Kindern zur Ruhe zu kommen, dann erhebe ich nicht den Anspruch, damit aus hyperaktiven Kindern besinnlich spielende zu machen.

Ich möchte vielmehr mit vielleicht unbekannten Vorschlägen zum Überdenken des Alltags anregen und Lust wecken, andere Erfahrungen oder Erinnerungen an Bewährtes aus eigener Kindheit lebendig zu machen.

»Stell dir mal vor . . .« ist ein Zauberwort für diese Art Erfahrung.

Stell dir mal vor, du bist ein Aufziehspielzeug. Gerade eben bist du aufgezogen worden. Was bist du? Ein Auto? Eine Maus? Du rast umher, bis die Feder in dir lockerer und lockerer wird und du schließlich stehenbleibst, ganz still, vollkommen unbeweglich. . .

Wer zur Ruhe kommen will, muß sich Zeit nehmen. Wir haben alle keine Zeit, allerdings die Freiheit, uns zu entscheiden, etwas zu tun, was uns wichtig ist. Dies ist der erste Schritt: die Entscheidung, uns Zeit für eine Erfahrung zu nehmen.

Ein Kind zu beobachten: was tut es gerade, welche Bedürfnisse hat es und wie lassen sich diese mit meinen eigenen in Übereinstimmung bringen?

Vielleicht ist erstmal tiefes Durchatmen nötig. Zur Ruhe kommen kann nie mit Zwang geschehen, es muß eine gemeinsame Entscheidung sein, die allen Beteiligten Lust bereitet.

Wenn das Kind gerade herumtobt, ist es sinnvoll, eine Weile mitzutoben, die Bewegungen allmählich zu verlangsamen und dies womöglich in eine kleine Geschichte zu verpacken: jemand schüttet Sirup auf die Tobenden, oder: sie nehmen ein Schlafpulver, oder: sie fliegen ins Zeitlupenland oder werden zu Schnecken. . .

Zur Ruhe kommen kann auch heißen, sich Zeit für ein Gespräch zu nehmen, das dem Kind mehr Sicherheit gibt. Kinder nehmen eine Fülle von Informationen auf, die sie nicht verstehen und die beängstigen; solche Unsicherheit führt oft auch zu körperlicher Unruhe.

Um herauszufinden, was Ihr Kind beunruhigt, ist es wenig sinnvoll, es mit bohrenden Fragen zu bedrängen.

Sie erfahren viel mehr, wenn Sie sein Spiel beobachten oder gemeinsam mit ihm spielen.

Im Anschluß mag das Kind vielleicht auf ihren Schoß krabbeln. »Weißt du, Oma ist zwar im Moment krank, aber an dem Armbruch wird sie ganz sicher nicht sterben. . .« oder »Daß Opa so krank ist, macht mich genauso traurig wie dich. Wahrscheinlich werden wir ihn nicht mehr lange haben. Für uns ist das schlimm, aber Opa wird es ganz sicher gut haben. Er wird keine Schmerzen mehr spüren und braucht sich um nichts Sorgen zu machen.«

Ein sehr wichtiges Thema ist auch Streit oder beabsichtigte Trennung der Eltern (vgl. hierzu S. 125 und Literatur im Anhang). Ein Märchen oder eine Phantasiereise (vgl. Klaus Vopel, Im Wunderland der Phantasie), die auf das Problem des Kindes abgestimmt sein kann, können ein solches Gespräch abrunden.

Ein anderer Zugang zur Ruhe ist durch Spiele möglich, die sich vor allem mit mehreren Kindern oder Gruppen anbieten. Nach meinen Erfahrungen sind selbst die »hippeligsten« Kinder bereit, bei einem Spiel wie »Bello, dein Knochen ist weg!« mucksmäuschenstill zu sitzen.

(Alle Kinder sitzen im Stuhlkreis, um den schlafenden Bello herum, der in der Kreismitte neben seinem Knochen liegt und schläft. Der Knochen ist ein Glöckchen oder ein Schlüsselbund, das von einem Kind aus dem Stuhlkreis möglichst geräuschlos geklaut werden muß. Hört Bello etwas, darf er aufwachen und das Kind anbellen. Hört er nichts, legen schnell alle die Hände auf den Rücken und rufen: »Bello, dein Knochen ist weg!« Jetzt darf Bello dreimal raten, wer ihn wohl hat.

Noch viel einfacher ist der sogenannte Blitz-Tanz. Alle Kinder bewegen sich, wie sie wollen, zur Musik. Wird diese unterbrochen, bleiben alle – wie vom Blitz getroffen – stocksteif und ganz still stehen.)

In der Reihe »Kinder ohne Streß« hat Klaus Vopel viele sehr schöne Spiele zum Leisewerden, Phantasieren und Nach-innen-Hören zusammengefaßt. Sie sollten in jeder Kindergruppe ausprobiert werden und bieten auch Eltern manche Anregung.

Viele Kinder finden Ruhe durch eine kreative, freie Beschäftigung. Es versteht sich von selbst, daß es hierbei keinerlei Druck oder Leistungsbewertung geben darf. Selbst das Thema, das Material und die Dauer der Beschäftigung sollten vom Kind bestimmt werden. Ton ist hervorragend für solche Ruhephasen geeignet, auch Knete, das Bemalen von ausgepusteten Eiern, Holzarbeiten, die nicht zu laut sind, Weben, Tuschen u. ä.

Dabei sollte möglichst wenig gesprochen werden, was nicht durch Befehl, sondern durch das Vormachen des Erwachsenen erreicht werden kann. Erzwungene Stille ist niemals wirksam und erzeugt hinterher um so mehr Lärm.

Wer einen Zugang zu Musik hat, kann Instrumente oder die eigene Stimme einsetzen. Ein bebildertes Liederbuch hilft dabei, schränkt aber auch ein: warum erfinden Sie nicht selber ruhige Melodien auf la-la? Schlaflieder, die dem im Bett liegenden Kind aus dem Nebenzimmer gesungen werden, sind ein wirksames Schlafmittel.

Aber auch jedes bewußte Hören ruhiger Musik bringt Ruhe und Entspannung. Nachgewiesenermaßen beeinflußt diese den Puls und die Atmung. Wie wär's, wenn Sie sich heute mit Ihrem Kind auf den Teppich legten und Andreas Vollenweider oder Vivaldi hörten?

Sehr entspannend wirken auch ein lauwarmes Bad oder eine einfache Rückenmassage mit Pflanzenöl, dem ein paar Tropfen ätherischen Öls zugesetzt werden. Diese entspannungsfördernden Öle kann man im Winter auch auf ein feuchtes Taschentuch träufeln und auf die Heizung legen. Kinder lieben Düfte – aber sicher wird man sich diesen Luxus nur in besonderen Fällen erlauben können – zum Beispiel bei Krankheiten, großen Sorgen und Tod.

Ätherische Öle, die Ruhe und Entspannung fördern, sind: Orange, Mandarine, Vanille, Lavendel, Basilikum, Kamille, Melisse und Rose. Nicht jedes Kind mag jeden Geruch – es sollte daher vorher gefragt werden.

Jede Familie, jede Gruppe wird ihren eigenen Weg zur Ruhe finden und die Form entdecken, die am besten paßt. Wichtig ist, sich Zeit zu nehmen und nicht zu viel zu erwarten. Sehr hilfreich ist es, die stille Zeit in ein kleines Ritual zu betten. Hierdurch erfahren alle Kinder die Sicherheit, daß Ruhe etwas sehr Schönes ist, das immer wiederkehrt.

## Weitere Anregungen

Kurse in Yoga oder autogenem Training sind für alle Kinder gut, wenn sie Spaß daran haben. Sie müssen allerdings von geschulten LehrerInnen durchgeführt werden und können nicht von Eltern so nebenbei betrieben werden. Ich spare mir daher Buchhinweise zu diesem Gebiet.

Klaus Vopel: Kinder ohne Streß
Band 1: Bewegung im Schneckentempo
Band 2: Im Wunderland der Phantasie
Band 3: Reise mit dem Atem
Band 4: Zauberhände
erschienen bei Isko-Press, Walderseestr. 56, 2000 Hamburg 52:
Diese Bücher sind sehr teuer und daher am besten für Kindergärten und Gruppen geeignet. Wenn Eltern das Geld aufbringen können, erhalten sie allerdings viele Anregungen.

Stecki 401
Lustige Konzentration und Entspannung
Hör-Geschichten auf Kassetten
zu beziehen über Refay-Verlag, Alte Brücke 18, 6750 Kaiserslautern:
Diese Geschichten, die ebenfalls sehr teuer sind, eignen sich für einzelne und Gruppen gleichermaßen. Sie sind allerdings frühestens für Kinder ab 5 geeignet, am besten jedoch für Schulkinder.

Kinderbücher, die die Vorstellungskraft ansprechen:
Helme Heine: Fantasie und Fantadu, Middelhauve, für Kinder ab 3
Animani: Spiele mit bemalten Händen, C. Bertelsmann, ab 3
Christine Nöstlinger: Rosalinde hat Gedanken im Kopf, Oetinger Verlag, für Kinder ab 6
Märchenbücher, z. B. die sehr schönen, von Helga Gebert herausgegebenen Ausgaben bei Beltz und Gelberg

# Nachwort zur vierten Auflage

Das vorliegende Buch verkauft sich im Gegensatz zu meinen Büchern *Von 0 bis 3* und *Von 6 bis 9* relativ schlecht.

Dies hat, glaube ich, einen sehr schönen Grund: Von 3 bis 6 ist ein herrlich unkompliziertes Alter!

Die Kinder sind »aus dem Gröbsten raus«, aber noch keinem Schulstreß ausgesetzt, und es ist relativ einfach, einen Kindergartenplatz zu finden (im Vergleich zu der fast ausweglosen Situation für Kinder von 1 oder 2 Jahren).

Die Kinder dieser Altersgruppe können sich gut artikulieren, ausdauernd miteinander spielen und haben sich in der Regel daran gewöhnt, außerhalb der Familie zumindest den halben Tag zu verbringen. Ja, viele lieben ihren Kindergarten, so wie das in dem kleinen Bilderbuch von Lamont/Bradman (Steffi im Kindergarten, Ravensburger) so anschaulich beschrieben ist.

Einen Teil dieser Zufriedenheit verdanken die Kinder sicherlich ihren Erzieherinnen, deren kreative und engagierte Arbeit einen enormen Stellenwert hat.

Es ist an der Zeit, dieser Berufsgruppe endlich die Anerkennung zu geben, die sie verdient, was sich auch in höherem Lohn und kürzerer Arbeitszeit ausdrücken müßte!

Ein weiteres, gar nicht hoch genug einzuschätzendes Merkmal der 3- bis 6jährigen ist ihr Reichtum an Phantasie und Vorstellungskraft.

Diesen zu pflegen, zu entwickeln und im Alltag zu nutzen ist von Pädagogen bisher oft vernachlässigt worden.

Vielen ging es eher darum, kognitiv-logische Denkprozesse anzuregen, anstatt ganzheitliches Vorgehen zu unterstützen und hierdurch Körper und Seele gleichermaßen anzusprechen. Raum für Vorstellungskraft, Intuition und Symbolik zu geben müßte genauso Ziel vorschulischer Erziehung sein wie die Entwicklung des Zahlbegriffs oder die gezielte Beobachtung des Wetters.

Mit Raum geben meine ich auch, Zeit für Ruhe, Zeit zum Träumen und Phantasieren – ja auch zum Langweilen zu geben, denn leider ist diese in Familien kaum noch vorhanden.

Aus diesem Grund habe ich die vierte Auflage um ein gesondertes Kapitel »Zur Ruhe kommen« erweitert.

Hieraus können Sie vielleicht für sich selber neue angenehme Erfahrungen gewinnen, denn ich möchte behaupten, daß es zu den angenehmsten Seiten des Lebens mit Kindern gehört, sich auf ihre Phantasien einzulassen. So wird verhindert, daß wir uns einseitig und verkürzt auf das scheinbar Rationale der Erwachsenenwelt beziehen und die positiven Möglichkeiten der Suggestion und Selbsthypnose, die wir an Dreijährigen beobachten können, zu nutzen.

Ich denke hierbei nicht nur an die unglaubliche Wirkung eines normalen Pflasters, sondern auch an Geschichten, die zu jedem problematischen oder erfreulichen Ereignis erfunden werden können. Meine kleine Tochter jedenfalls wird sanft wie ein Lämmchen, wenn ich ihre Weigerung, sich die Zähne putzen zu lassen, mit der Geschichte vom kleinen weißen Kätzchen, das sich so nach einer Zahnbürste sehnte, beantworte.

Viele Alltagsprobleme würden uns weniger quälen, wenn wir sie zuvor so realistisch im Spiel durchlebten, wie Vorschulkinder das tun.

Es ist einfach phantastisch zu beobachten, wie es kleinen Kindern gelingt, im Verlauf eines einzigen Tages Baby, Mutter oder Vater, Leiche, Elefant, Maus, Verkäuferin, Polizist, Rennfahrer, Mörder, Müllmann, Ärztin, Krankenschwester, Katze, Hund und Krokodil, Brücke, Raupe und Wasweißichnochalles zu sein.

Diese Qualitäten müssen nicht wenigen Erwachsenen in aufwendigen und kostspieligen Kursen antrainiert werden.

Genies dagegen – dies wurde nachgewiesen – haben sie immer besessen.

Vorschulkinder haben in der Tat oft geniale Einfälle, und ich kann Eltern nur raten, diese wie Maria im Herzen zu behalten und zu bewegen.

Sollte Sie dieses Buch angeregt haben, sich diese Offenheit zu bewahren, hat sich der Kauf schon gelohnt.

Berlin, März 1991

1 Schmidt-Denter, Vorschulische Erziehung, in: Oerter/Montada, Entwicklungspsychologie, München, Wien, Baltimore 1982, S. 732.

2 ders., ebenda.

3 Hoenisch/Niggemeyer/Zimmer, Vorschulkinder, Stuttgart 1969, S. 9.

4 dieselben, a.a.O., S. 7.

5 Lottemi Doormann, Von der revolutionären Geduld in der Erziehung II, in: Demokratische Erziehung 5/82, S. 36.

6 Nathan Isaacs zit. n. Mary Sime, So sieht ein Kind die Welt, Piaget für Eltern und Erzieher, S. 11.

7 Ulrich Diekmeyer, Das Elternbuch, Unser Kind im 4. Lebensjahr, Reinbek b. Hamburg, 3. A. 1979, S. 8.

8 Astrid Lindgren, Pipi Langstrumpf, Ausgabe der Büchergilde Gutenberg, S. 25/26.

9 Kuno Beller: Die Förderung frühkindlicher Entwicklung im Alter von 0—3 Jahren, in: Oerter/Montada, Entwicklungspsychologie, München 1982, S. 707.

10 Vgl. Hannelore Grimm: Sprachentwicklung, Voraussetzungen, Phasen und theoretische Interpretation, in: Oerter/Montada a.a.O., S. 522.

11 Schmidt/Richter, Entwicklungswunder Mensch, Leipzig 1980, S. 126.

12 Vgl. hierzu Watzlawick, Menschliche Kommunikation, Formen, Störungen, Paradoxien, Bern, Stuttgart, Wien 1969.

13 nach: Schmidt/Richter, Entwicklungswunder Mensch, S. 121.

14 Elternbrief 28, hrsg. v. ANE, Markgrafenstr. 11, 1 Berlin 61.

15 Köstliche Beispiele für solche »Metaloge« liefert Gregory Bateson in den Gesprächen mit seiner Tochter. Vgl. ders.: Ökologie des Geistes, Frankfurt, 2. A. 1983. Die Tochter dürfte allerdings schon im Schulalter gewesen sein.

16 Bruno Bettelheim, Kinder brauchen Märchen, Stuttgart 1977, S. 19.

17 Elternbrief 31, a.a.O.

18 Rudolf Dreikurs/Vicki Soltz, Kinder fordern uns heraus – Wie erziehen wir sie zeitgemäß? 13. Aufl., Stuttgart 1981.

19 Diekmeyer, a.a.O., S. 15.

20 Dreikurs/Soltz, a.a.O.

21 Der Tagesspiegel, Nr. 11/150, v. Juni 1982, S. 13.

22 Vgl. Heike Mundzeck, Kinder lernen fernsehen, Reinbek b. Hamburg, rororo, 1976.

23 Mundzeck, a.a.O., S. 24.

24 Dies., S. 24 f.

25 Dies., S. 25.

26 Der Tagesspiegel v. 25. 1. 1983.

27 Mundzeck, a.a.O., S. 52.

28 Vgl. Dieckmeyer, a.a.O., S. 16.

29 Mundzeck, a.a.O., S. 53.

30 Vgl. hierzu die genauen Ergebnisse in: Musik und Bildung, 3/1980, S. 151.

31 Vgl. Mundzeck, a.a.O., S. 52.

32 Ute Blaich, in: Spielen und lernen, 8/83.

33 Vgl. hierzu: Claaßen/Rauch: Gewalt gegen Kinder aus sozialpädagogischer Sicht, Köln 1980, S. 30.

34 Elternbrief 30, hrsg. v. ANE e.V., Markgrafenstr. 11, 1 Berlin 61.

35 Irmela Brender/Günther Stiller, Streitbuch für Kinder, Weinheim: Beltz und Gelberg, 1973.

36 Katrin Arnold, Keine Angst vorm Streiten, Spielen und Lernen 8/83.

37 Dies., a.a.O.

38 Ulrich Diekmeyer, Das Elternbuch 5, 3. Aufl., Reinbek b. Hamburg, 1981, S. 45.

39 Z.B. Richtlinien für die Erziehung in Vorschulklassen. Freie und Hansestadt Hamburg, Behörde für Schule, Jugend und Berufsbildung, Regensburg, Verlag Walhalla und Praetoria, 1975.

40 Vgl. Ariès, Geschichte der Kindheit, München: dtv., 1975, S. 126 f.

41 Beatrice und John Whiting, Children of six cultures, New York 1976.

42 Vgl. Elschenbroich, Kinder werden nicht geboren, Frankfurt 1977, S. 46.

43 Elschenbroich, a.a.O., S. 25.

44 Naef Spielzeug (Katalog) o.J., CH 4314 Zeiningen.

45 Astrid Lindgren: Im Wald sind keine Räuber, Hamburg, Oetinger Verlag, 1952, N.A. 1982.

46 Boris und Lena Nikitin: Aufbauende Spiele, Köln, Verlag Kiepenheuer und Witsch, 1980, DM 38,—.

# Bücher zu besonderen Themen

### Streit, Wut, Kampf
für Eltern:
Verena Sommerfeld: Krieg und Frieden im Kinderzimmer.
  Über Aggressionen und Actionspielzeug (roro Sachbuch 8807)
für Kinder:
Steadman: Zwei Esel und eine Brücke (Nord-Süd Verlag)
Foreman: Die wilden Engel, Frankfurt 1988
David McKnee: Du hast angefangen, nein du, Aarau 1988
Tony Ross, Heather Eyles: Unglaublich, Frankfurt 1988

### Trotz, Kampf
Jorgensen/Schreiner: Kampfbeziehungen.
  Wenn Kinder gegen Erwachsene kämpfen (roro Sachbuch 8549)

### Ruhe, Entspannung, Phantasie
Murdock: Dann trägt mich meine Wolke (Phantasiereisen).
  Wie Kleine und Große spielen lernen (Bauer Verlag)
Vopel: Kinder ohne Streß (s. Kap. zur Ruhe kommen), Isko-Press, Hamburg

### Wenn Eltern sich trennen
Bilderbuch: Papa wohnt jetzt in der Heinrichstraße
  von Nele Maar und Verena Ballhaus, modus vivendi, Lohr

### Unruhige Kinder, Hyperaktivität
Voss, Wirtz: Keine Pillen für den Zappelphilipp. Alternativen im Umgang mit
  unruhigen Kindern (roro Sachbuch 8431)

Arbeitskreis
Neue Erziehung
Markgrafenstr. 11
1000 Berlin 61
(verschickt Eltern-
briefe, berät und gibt
die Zeitschrift Mem-
brane heraus)

Mütterzentren
Bundesverband e.V.
Hildegard Schooß
Erikastr. 11
3320 Salzgitter 51

Tagesmütter
Bundesverband für
Eltern, Pflegeeltern
und Tagesmütter e.V.
Bödekerstr. 85
3000 Hannover 1

Internationale Vereini-
gung der Waldorfkin-
dergärten e.V.
Heubergstr. 11
7000 Stuttgart 1

Verband alleinstehen-
der Mütter und Väter
e.V.
Von-Groote-Platz 20
5300 Bonn 2

Arbeitskreis
Eltern werden –
Eltern sein e.V.
Clareanstr. 4
7800 Freiburg

Bauchladen
Treffpunkt für
Schwangere, Mütter,
Väter, Babys
An der Müllerwiese 11
5000 Köln 80

Initiativkreis für
Familien- und Er-
wachsenenbildung
e.V.
Langeoogstr. 15
4350 Recklinghausen

Levana e.V.
Verein rund ums
Elternsein
Mittelallee 24
3200 Hildesheim

Deutscher Kinder-
schutzbund e.V.
Bundesgeschäftsstelle
Drostestr. 14–16
3000 Hannover 1

Pro Familia
Bundesverband
Cronstettenstr. 30
6000 Frankfurt am
Main

Berliner Institut für
Familientherapie
Stallupöner Allee 29
1000 Berlin 19

Arbeitsgemeinschaft
Freier Stillgruppen
Rheingaustr. 14
5429 Welterod

Aktion Muttermilch –
ein Menschenrecht
e.V.
Reichsgrafenstr. 4
7800 Freiburg

Bundesverband
Neue Erziehung e.V.
Oppelner Str. 130
5300 Bonn 1

Zentralverband
evangelischer Kinder-
tagesstätten
Stafflenbergstr.
7000 Stuttgart 1

Bundesverband für
unbelastete Nahrung
Gerhardstr. 21
2300 Kiel 1

Zentralverband
katholischer Kinder-
tagesstätten
Postfach 420
7800 Freiburg

Staatliche Kindergärten erfragt man über Landratsämter, Landesjugendämter
oder Stadtgemeinden

Deutsche Lesegesell-
schaft
Raimundistr. 2
6500 Mainz
(verschickt Buch-
empfehlungen)

Pädagogische Aktion
Schellingstr. 109 a
8000 München 40
(führt vielfältige
Beratung, Aktionen,
Veranstaltungen durch
und veröffentlicht
auch)

Fortbildungsinstitut
für die Pädagogische
Praxis
F.I.P.P.
Elßholzstr. 4
1000 Berlin 62
(hat diverse Broschü-
ren zu Kleinkinderzie-
hung und anderen
wichtigen Themen
herausgegeben und
führt Beratung und
Fortbildung durch)

Bundesarbeitsgemein-
schaft
Elterninitiativgruppen
e.V.
Westphalenstr. 22
5810 Witten

Wenn Sie weitere Fragen haben, können Sie sich auch an mich wenden
Gisela Preuschoff
Wielandstr. 23
1000 Berlin 41

# Aus unserem Programm

Rainer Falk (Hg.): **Nelson Mandela – Unser Weg in die Freiheit.** 240 Seiten, kt., ISBN 3-89438-009-8

Georg Fülberth: **Leitfaden durch die Geschichte der Bundesrepublik.** 160 Seiten, kt., ISBN 3-89438-017-9

Gero Gemballa: **Geheimgefährlich.** Dienste in Deutschland. 200 Seiten, kt., ISBN 3-89438-008-X

Karin Gutjahr/Anke Schrader: **Sexueller Mädchenmißbrauch.** 190 Seiten, kt., ISBN 3-89438-005-5

Arthur Heinrich/Klaus Naumann (Hg.): **Alles Banane – Ausblicke auf das endgültige Deutschland.** 204 Seiten, kt., ISBN 3-89438-007-1

Florence Hervé (Hg.): **Geschichte der deutschen Frauenbewegung.** 301 Seiten, kt., ISBN 3-89438-086-1

Lutz Hoffmann: **Die unvollendete Republik.** Zwischen Einwanderungsland und deutschem Nationalstaat. 208 Seiten, kt., ISBN 3-89438-002-0

Arno Klönne: **Rechts-Nachfolge.** Risiken des deutschen Wesens nach 1945. 186 Seiten, kt., ISBN 3-89438-001-2

Otto Köhler: **. . . und heute die ganze Welt.** Die Geschichte der IG Farben. 354 Seiten, kt., ISBN 3-89438-010-1

**Memorandum '91.** 240 Seiten, kt., ISBN 3-89438-014-4

Gert Meyer (Hg.): **Nationalitätenkonflikte in der Sowjetunion.** 310 Seiten, kt., ISBN 3-89438-004-7

Bernd Müllender/Peter Vermeulen: **Nicht mehr mit uns.** Reservisten verweigern. 206 Seiten, kt., ISBN 3-89438-024-1

Gisela Preuschoff: **Guter Hoffnung.** Ganzheitliche Anregungen für Körper und Seele während der Schwangerschaft. 176 Seiten, kt., ISBN 3-89438-011-X

Gisela Preuschoff: **Von 0 bis 3.** Alltag mit Kleinkindern. 277 Seiten, kt., ISBN 3-89438-021-7

Gisela Preuschoff: **Von 3 bis 6.** Alltag mit Vorschulkindern. 184 Seiten, kt., ISBN 3-89438-022-5

Gisela Preuschoff: **Von 6 bis 9.** Alltag mit Schulkindern. 197 Seiten, kt., ISBN 3-89438-023-3

Winfried Schwamborn/Bernd Müllender: **Handbuch für Kriegsdienstverweigerer.** 204 Seiten, kt., ISBN 3-89438-024-1

Eckart Spoo (Hg.): **KohlZeit.** Neudeutschland und sein Kanzler. 180 Seiten, kt., ISBN 3-89438-013-6

Jörg Wollenberg (Hg.): **Von der Hoffnung aller Deutschen.** Wie die BRD entstand. 359 Seiten, kt., ISBN 3-89438-016-0

**Wir Frauen 1992.** 280 Seiten, Taschenkalender, ISBN 3-89438-018-7

. . . und 40 Standardtitel aus dem Pahl-Rugenstein Verlag. Fordern Sie unser Gesamtverzeichnis an: *PapyRossaVerlag, Petersbergstr. 4, 5000 Köln 41.*